Die Symbolik der Farben

Band 46 der Reihe „Die Götter der Germanen"

Bücher von Harry Eilenstein:

- Astrologie (496 S.)
- Photo-Astrologie (64 S.)
- Tarot (104 S.)
- Handbuch für Zauberlehrlinge (408 S.)
- Physik und Magie (184 S.)
- Der Lebenskraftkörper (230 S.)
- Die Chakren (100 S.)
- Meditation (140 S.)
- Drachenfeuer (124 S.)
- Krafttiere – Tiergöttinnen – Tiertänze (112 S.)
- Schwitzhütten (524 S.)
- Totempfähle (440 S.)
- Muttergöttin und Schamanen (168 S.)
- Göbekli Tepe (472 S.)
- Hathor und Re:
    Band 1: Götter und Mythen im Alten Ägypten (432 S.)
    Band 2: Die altägyptische Religion – Ursprünge, Kult und Magie (396 S.)
- Isis (508 S.)
- Die Entwicklung der indogermanischen Religionen (700 S.)
- Wurzeln und Zweige der indogermanischen Religion (224 S.)
- Der Kessel von Gundestrup (220 S.)
- Cernunnos (690 S.)
- Christus (60 S.)
- Odin (300 S.)
- Die Götter der Germanen (Band 1 – 80)
- Dakini (80 S.)
- Kursus der praktischen Kabbala (150 S.)
- Eltern der Erde (450 S.)
- Blüten des Lebensbaumes:
    Band 1: Die Struktur des kabbalistischen Lebensbaumes (370 S.)
    Band 2: Der kabbalistische Lebensbaum als Forschungshilfsmittel (580 S.)
    Band 3: Der kabbalistische Lebensbaum als spirituelle Landkarte (520 S.)
- Über die Freude (100 S.)
- Das Geheimnis des inneren Friedens (252 S.)
- Von innerer Fülle zu äußerem Gedeihen (52 S.)
- Das Beziehungsmandala (52 S.)
- Die Symbolik der Krankheiten (76 S.)

Kontakt: www.HarryEilenstein.de / Harry.Eilenstein@web.de
Impressum: Copyright: 2011 by Harry Eilenstein – Alle Rechte, insbesondere auch das der Übersetzung, vorbehalten. Kein Teil des Buches darf ohne schriftliche Genehmigung des Autors und des Verlages (nicht als Fotokopie, Mikrofilm, auf elektronischen Datenträgern oder im Internet) reproduziert, übersetzt, gespeichert oder verbreitet werden.
Herstellung und Verlag: BoD - Books on Demand, Norderstedt
ISBN: 9783743152236

Die Themen der einzelnen Bände der Reihe „Die Götter der Germanen"

1. Die Entwicklung der germanischen Religion
2. Lexikon der germanischen Religion

3. Der ursprüngliche Göttervater Tyr
4. Tyr in der Unterwelt: der Schmied Wieland
5. Tyr in der Unterwelt: der Riesenkönig   Teil 1
6. Tyr in der Unterwelt: der Riesenkönig   Teil 2
7. Tyr in der Unterwelt: der Zwergenkönig
8. Der Himmelswächter Heimdall
9. Der Sommergott Baldur
10. Der Meeresgott: Ägir, Hler und Njörd
11. Der Eibengott Ullr
12. Die Zwillingsgötter Alcis
13. Der neue Göttervater Odin   Teil 1
14. Der neue Göttervater Odin   Teil 2
15. Der Fruchtbarkeitsgott Freyr
16. Der Chaos-Gott Loki
17. Der Donnergott Thor
18. Der Priestergott Hönir
19. Die Göttersöhne
20. Die unbekannteren Götter
21. Die Göttermutter Frigg
22. Die Liebesgöttin: Freya und Menglöd
23. Die Erdgöttinnen
24. Die Korngöttin Sif
25. Die Apfel-Göttin Idun
26. Die Hügelgrab-Jenseitsgöttin Hel
27. Die Meeres-Jenseitsgöttin Ran
28. Die unbekannteren Jenseitsgöttinnen
29. Die unbekannteren Göttinnen
30. Die Nornen
31. Die Walküren
32. Die Zwerge
33. Der Urriese Ymir
34. Die Riesen
35. Die Riesinnen
36. Mythologische Wesen
37. Mythologische Priester und Priesterinnen
38. Sigurd/Siegfried
39. Helden und Göttersöhne

40. Die Symbolik der Vögel und Insekten
41. Die Symbolik der Schlangen, Drachen und Ungeheuer
42. Die Symbolik der Herdentiere
43. Die Symbolik der Raubtiere
44. Die Symbolik der Wassertiere und sonstigen Tiere
45. Die Symbolik der Pflanzen
46. Die Symbolik der Farben
47. Die Symbolik der Zahlen
48. Die Symbolik von Sonne, Mond und Sternen
49. Das Jenseits
50. Seelenvogel, Utiseta und Einweihung
51. Wiederzeugung und Wiedergeburt
52. Elemente der Kosmologie
53. Der Weltenbaum
54. Die Symbolik der Himmelsrichtungen und der Jahreszeiten
55. Mythologische Motive

56. Der Tempel
57. Die Einrichtung des Tempels
58. Priesterin – Seherin – Zauberin – Hexe
59. Priester – Seher – Zauberer
60. Rituelle Kleidung und Schmuck
61. Skalden und Skaldinnen
62 Kriegerinnen und Ekstase-Krieger

63. Die Symbolik der Körperteile
64. Magie und Ritual
65. Gestaltwandlungen
66. Magische Waffen
67. Magische Werkzeuge und Gegenstände
68. Zaubersprüche
69. Göttermet
70. Zaubertränke
71. Träume, Omen und Orakel
72. Runen
73. Sozial-religiöse Rituale

74. Weisheiten und Sprichworte
75. Kenningar
76. Rätsel

77. Die vollständige Edda des Snorri Sturluson
78. Frühe Skaldenlieder
79. Mythologische Sagas
80. Hymnen an die germanischen Götter

Inhaltsverzeichnis

A Die Symbolik der Farben bei den Germanen ... 11

B Rot ... 12
I Die Farbe „Rot" in der germanischen Überlieferung ... 12
I 1. Das rote Blut ... 12
    I 1. a) Kenningar, die „rot" enthalten ... 12
    I 1. b) Die Saga über Halfdan Brana-Ziehsohn ... 13
    I 1. c) Personennamen ... 13
    I 1. d) Völsungen-Saga ... 13
I 2. Gerötete Runen ... 14
    I 2. a) Die Saga über Egil Skallagrimsson ... 14
I 3. Die Farbe des Lebens ... 15
    I 3. a) Die Saga über Halfdan Brana-Ziehsohn ... 15
    I 3. b) Jomswikinger-Saga ... 15
I 4. Rotes Feuer ... 17
    I 4. a) Der hürnene Siegfried ... 17
    I 4. b) Die Saga über Thorsteinn Hausmacht ... 18
I 5. Die roten Figuren im Tafl-Spiel ... 19
    I 5. a) Tafl-Spiel ... 19
    I 5. b) Skaldskaparmal und Kalfsvisa ... 20
I 6. Rote Tiere ... 20
    I 6. a) Skaldskaparmal ... 20
    I 6. b) Der Seherin Ausspruch ... 20
I 7. Rote Waffen und Segel ... 21
    I 7. a) Atli-Saga ... 21
    I 7. b) Das erste Lied über Helgi Hunding-Töter ... 21
    I 7. c) Die Styrbjarnar-Geschichte ... 22
    I 7. d) Die Geschichte über Thordr den Ängstlichen ... 22
    I 7. e) Hrafnsmal ... 22
I 8. Rote Kleidung ... 23
    I 8. a) Die Saga über Thrond von Gate ... 23
    I 8. b) Die Saga über Thrond von Gate ... 23
    I 8. c) Die Saga über Thrond von Gate ... 23
    I 8. d) Die Saga über die Bewohner von Eyre ... 24
    I 8. e) Die Lachstal-Saga ... 24
    I 8. f) Die Lachstal-Saga ... 24
    I 8. g) Die Lachstal-Saga ... 24
    I 8. h) Die Lachstal-Saga ... 24
    I 8. i) Heimskringla: Saga über Harald Hart-Rat ... 25
    I 8. j) Nials-Saga ... 25
    I 8. k) Nials-Saga ... 25
    I 8. l) Die Saga über Bosi und Herraud ... 25

I 8. m) Nials-Saga	26
I 8. n) Nials-Saga	26
I 8. o) Nials-Saga	26
I 8. p) Völsungen-Saga	26
I 8. q) Die Saga über Halfdan Brana-Ziehsohn	27
I 9. Das „Rot" der Jugend	**27**
I 9. a) Gesta danorum	27
I 10. „Rot" in Ortsnamen	**27**
I 10. a) Die Geschichte von Helgi Thorisson	27
I 11. Zusammenfassung	**28**
II Die allgemeine Symbolik der Farbe „Rot"	**29**
C Gelb	**30**
I Die Farbe „Gelb" in der germanischen Überlieferung	**30**
I 1. Gelbe Schilde	**30**
I 1. a) Hattatal	30
I 2. Gelb in der Magie	**30**
I 2. a) Gesta danorum	30
I 2. b) Die Saga über Thorsteinn Hausmacht	32
I 3. Gelbe Schiffs-Bemalung	**33**
I 3. a) Saga über Sörli den Starken	33
I 4. Personennamen	**33**
I 5. Zusammenfassung	**34**
II Die allgemeine Symbolik der Farbe „Gelb"	**34**
D Blau	**35**
I Die Farbe „Blau" in der germanischen Überlieferung	**35**
I 1. Der blaue Mantel der Männer	**35**
I 1. a) Grimnir-Lied	35
I 1. b) Völsungen-Saga	35
I 1. c) Die Saga über die Siedler von Eyre	36
I 1. d) Die Saga über Kampf-Glum	36
I 1. e) Gisli-Saga	36
I 1. f) Gisli-Saga	36
I 1. g) Gisli-Saga	37
I 1. h) Gisli-Saga	37
I 1. i) Njals-Saga	37
I 1. k) Njals-Saga	37
I 1. l) Njals-Saga	37
I 1. m) Die Saga über Kampf-Glum	38
I 1. n) Egil-Saga	38
I 1. o) Die Saga über Thrond von Gate	38
I 1. p) Lachstal-Saga	38
I 1. q) Lachstal-Saga	38
I 1. r) Lachstal-Saga	38
I 1. s) Die Saga über Viglund den Blonden	39

I 1. t)	Lachstal-Saga	39
I 2.	**Die blauen Mäntel der Frauen**	**39**
I 2. a)	Njals-Saga	39
I 2. b)	Die Saga über Thrond von Gate	40
I 2. c)	Regin der Schmied (Faröer)	40
I 2. d)	Brünhild-Lied (Faröer)	40
I 3.	**Die blaue Hose**	**40**
I 3. a)	Die Geschichte über Norna-Gest	40
I 3. b)	Nials-Saga	41
I 3. c)	Nials-Saga	41
I 4.	**Der blaue Kittel**	**41**
I 4. a)	Lachstal-Saga	41
I 4. b)	Heimskringla: Saga über Harald Hart-Rat	41
I 4. c)	Die Saga über Thorstein Viking-Sohn	42
I 5.	**Das blaue Gewand**	**42**
I 5. a)	Nials-Saga	42
I 5. b)	Die Saga über Hovard von den Eisfjord-Leuten	42
I 6.	**Die Blau-Menschen**	**43**
I 6. a)	Grettir-Saga	43
I 6. b)	Die Saga über Sturlaug dem Mühen-Beladenen	43
I 6. c)	Gylfis Vision	43
I 6. d)	Die Saga über Halfdan Brana-Ziehsohn	44
I 6. e)	Die Saga über Thorstein Viking-Sohn	44
I 6. f)	Die Vision der Seherin	44
I 6. g)	Grettir-Saga	44
I 6. h)	Ynglinga-Saga	45
I 6. i)	Sörli-Saga	45
I 6. k)	Hamburgische Kirchengeschichte	46
I 7.	**Der blaue Schild**	**46**
I 7. a)	Die Saga über die Bewohner von Eyre	47
I 7. b)	Die Saga über Thrond von Gate	47
I 8.	**Die Schiffs-Bemalung**	**47**
I 8. a)	Das erste Lied über Helgi Hunding-Töter	47
I 8. b)	Das Högni-Lied (Faröer)	47
I 8. c)	Die Saga über Sörli den Starken	48
I 9.	**Blaue Flammen**	**49**
I 9. a)	Der hörnerne Siegfried	49
I 9. b)	Der hörnerne Siegfried	49
I 10.	**altnordische Wortbildungen mit „blau"**	**49**
I 11.	**Zusammenfassung**	**51**
II	**Die allgemeine Symbolik der Farbe „Blau"**	**53**
E Grün		**54**
I	**Die Farbe Grün in der germanischen Überlieferung**	**54**
I 1.	**Grüne Pflanzen**	**54**

- I 1. a) Groa — 54
- I 1. b) Die ältere Version der Huldar-Saga — 54
- I 1. c) Grönland — 54
- I 1. d) Thulur — 55
- I 1. e) Skaldskaparmal — 55
- **I 2. Grüne Kleidung** — **55**
  - I 2. a) Die Saga über Kampf-Glum — 55
  - I 2. b) Die Geschichten über Norna-Gest — 55
  - I 2. c) Die Saga über Thorstein Wiking-Sohn — 56
  - I 2. d) Lachstal-Saga — 56
- **I 3. Grüne Schilde** — **56**
  - I 3. a) Hattatal — 56
- **I 4. Grüne Schiffe** — **56**
  - I 4. a) Die Saga über Sörli den Starken — 56
- **I 5. Zusammenfassung** — **57**
- **II Die allgemeine Symbolik der Farbe „Grün"** — **57**

F Braun — **58**
- **I Die Farbe „Braun" in der germanischen Überlieferung** — **58**
  - **I 1. Braune Kleidung** — **58**
    - I 1. a) Die Saga über die Bewohner von Eyre — 58
    - I 1. b) Saga über König Sverri von Norwegen — 58
  - **I 2. Braune Drachen** — **58**
    - I 2. a) Völsungen-Saga — 58
  - **I 3. Braune Pferde** — **59**
    - I 3. a) Die Saga über Hrafnkell Freyr-Gode — 59
  - **I 4. Braune Schiffe** — **59**
    - I 4. a) Saga über Sörli den Starken — 59
  - **I 5. „Braun" in Personennamen** — **60**
  - **I 6. Zusammenfassung** — **60**
- **II Die allgemeine Symbolik der Farbe „Braun"** — **61**

G Blau-Schwarz — **62**
- **I Die Farbe „Blau-Schwarz" in der germanischen Überlieferung** — **62**
  - **I 1. Die Nacht** — **62**
    - I 1. a) Gylfis Vision — 62
    - I 1. b) Rappen — 63
    - I 1. c) Der Seherin Ausspruch — 63
    - I 1. d) Thorfinnsdrapa — 63
    - I 1. e) Fiölswin-Lied — 64
  - **I 2. Jenseitswesen** — **64**
    - I 2. a) Gylfis Vision — 64
    - I 2. b) Die Saga über Hromund Greip-Sohn — 65
    - I 2. c) Die Saga über die Siedler von Eyre — 65
    - I 2. d) Blau-Menschen — 66
    - I 2. e) Gylfis Vision — 66

I 2. f)	Die Geschichte über Eirek den Fern-Fahrenden	66
I 2. g)	Gesta Danorum	67
I 2. h)	Edda-Gylfaginning	67
I 2. i)	Gylfis Vision	67
I 2. j)	Odins Rabenzauber	67
I 2. k)	Skaldskaparmal	68
I 2. l)	Die Saga über Thorstein Viking-Sohn	68
I 2. m)	Skirnir-Lied	69
I 2. n)	Thrym-Lied	69
I 2. o)	Die Geschichte über Thirandi und Thorhall	69
I 3.	**Die Farbe des Todes**	**70**
I 3. a)	Germania	70
I 3. b)	Die Saga über Thorsteinn Hausmacht	70
I 3. c)	Jomsvikinga-Saga	70
I 3. d)	Wortschatz	71
I 4.	**Neumond**	**71**
I 4. a)	Das dritte Lied über Sigurd Fafnir-Töter	71
I 5.	**Übel**	**71**
I 5. a)	Die Geschichte über Gunnlaug Schlangenzunge	72
I 5. b)	Die Saga über die Siedler von Eyre	72
I 5. c)	Die Saga über Halfdan Brana-Ziehsohn	72
I 5. d)	Der hörnerne Siegfried	73
I 5. e)	Die Saga über Grettir den Starken	73
I 5. f)	Die Gauti-Saga	73
I 6.	**Kleidung**	**74**
I 6. a)	Lachstal-Saga	74
I 6. b)	Die Saga über Grettir den Starken	74
I 6. c)	Die Saga über die Siedler von Eyre	74
I 6. d)	Nials-Saga	74
I 6. e)	Die Geschichte über Norna-Gest	75
I 6. f)	Die Saga über Viglud den Blonden	75
I 6. g)	Völsungensaga	75
I 6. h)	Gudruns Aufreizung	76
I 6. i)	Nials-Saga	76
I 7.	**Opfertiere**	**76**
I 7. a)	Jakob Grimm: Deutsche Mythologie	76
I 8.	**Personennamen**	**77**
I 9.	**Kenningar**	**79**
I 10.	**Symbolik-freies Schwarz**	**79**
I 10. a)	Hattatal	79
I 10. b)	Die Saga über Thorstein Viking-Sohn	80
I 10. c)	Die Saga über Thorstein Viking-Sohn	80
I 10. d)	Die Saga über Thorstein Viking-Sohn	80
I 10. e)	Nials-Saga	81

I 10. f)	Die Geschichte über Gunnlaug Schlangenzunge	81
I 10. g)	Die Geschichte über Gunnlaug Schlangenzunge	81

I 11. Zusammenfassung — 82
II Die allgemeine Symbolik der Farbe „Schwarz" — 83

H Weiß — 84
I Die Farbe „Weiß" in der germanischen Überlieferung — 84
I 1. Das nordgermanische Wort für „weiß" — 84
I 2. Personennamen — 86
I 3. Heiligkeit — 87
- I 3. a) Das dritte Gudrun-Lied — 87
- I 3. b) Gylfis Vision — 87

I 4. Weiße Götter — 88
- I 4. a) Gylfis Vision — 88
- I 4. b) Odins Rabenzauber — 88
- I 4. c) Skaldskaparmal — 88

I 5. Weiße Rosse — 89
- I 5. a) Kenningar: Schimmel — 89
- I 5. b) Grimnir-Lied — 90
- I 5. c) Thulur — 90
- I 5. d) Die Saga über Thorstein Haus-Macht — 90
- I 5. e) Germania — 91
- I 5. f) Grimm: Deutsche Mythologie — 91

I 6. Figuren im Tafl-Spiel — 92
- I 6. a) Tafl-Spiel — 92

I 7. Weiße Schlangen — 92
- I 7. a) Gesta danorum — 92
- I 7, b) Das Märchen „Die weiße Schlange" — 92

I 8. Helligkeit — 96
- I 8. a) Die Saga über Viglund den Blonden — 96

I 9. Der weiße Schild — 96
- I 9. a) Die Saga über Fridthjof den Kühnen — 96

I 10. Reinheit — 96
- I 10. a) Germania — 96
- I 10. b) Rig-Lied — 97
- I 10. c) Nials-Saga — 97

I 11. Weiß und Schwarz — 98
- I 11. a) Die Geschichte über Thirandi und Thorhall — 98

I 12. Das Weiß des Schnees — 98
- I 12. a) Jomsvikinger-Saga — 98
- I 12. f) Die Saga über Thorsteinn Hausmacht — 98

I 13. Das Weiß des Alters — 99
- I 13. a) Nials-Saga — 99

I 14. Hellhäutig — 99
- I 14. a) Harbard-Lied — 99

I 14. b)	Die Geschichte über Gunnlaug Schlangenzunge	99
I 14. c)	Gesta danorum	100
I 14. d)	Schneewittchen	100
I 14. e)	Schneeweißchen und Rosenrot	100
I 15.	**Kenningar**	**101**
I 16.	**Alfen**	**101**
I 16. a)	Jakob Grimm: Deutsche Mythologie	101
I 17.	**Zusammenfassung**	**102**
II	**die allgemeine Symbolik der Farbe „Weiß"**	**103**
I Grau		**104**
I	**Die Farbe „Grau" in der germanischen Überlieferung**	**104**
I 1.	**Graue Pferde**	**104**
I 2.	**Graue Kleidung**	**104**
I 2. a)	Lachstal-Saga	104
I 3.	**Graue Wandbehänge**	**104**
I 3. a)	Die Saga über die Joms-Wikinger	104
I 4.	**Personennamen**	**105**
I 5.	**Zusammenfassung**	**105**
II	**Die allgemeine Symbolik der Farbe „grau"**	**106**
J Golden		**107**
I	**Die Farbe Golden in der germanischen Überlieferung**	**107**
II	**Die allgemeine Symbolik der Farbe „Golden"**	**108**
K Silbern		**109**
I	**Die Farbe „Silbern" in der germanischen Überlieferung**	**109**
I 1.	**Pferde**	**109**
I 1. a)	Skaldskaparmal	109
I 2.	**Das Tempeldach**	**109**
I 2. a)	Gylfis Vision	109
I 2. b)	Gylfis Vision	110
I 3.	**Haarreif**	**110**
I 3. a)	Die Saga über die Joms-Wikinger	110
I 4.	**Ein wertvolles Material**	**111**
I 4. a)	Högni-Lied (Faröer)	111
I 4. b)	Die Saga über Sörli den Starken	112
I 5.	**Zusammenfassung**	**113**
II	**die allgemeine Symbolik der Farbe „Silbern"**	**113**
	Themenverzeichnis	114

A Die Symbolik der Farben bei den Germanen

Es gibt keinerlei germanische Schriften, die systematisch oder auch nur ansatzweise eine Farben-Symbolik beschreiben. Da Farben jedoch ein Grundelement der menschlichen Lebenserfahrung sind, kann man mit einiger Berechtigung vermuten, daß es auch bei den Germanen zumindestens zu einigen Farben feste Assoziationen gegeben hat.

Die einzige Methode, diese vermuteten Assoziationen bei den Germanen herauszufinden, ist das Sammeln und Vergleichen aller Textstellen, an denen eine Farbe erwähnt wird. Es existieren so gut wie keine Farben auf den archäologischen Funden.

Die auf diese Weise gefundenen Ergebnisse lassen sich dann mit der Farbsymbolik anderer Völker vergleichen.

Ein letzter Hinweis ist schließlich die sprachliche Vorgeschichte der Farb-Adjektive bei den Germanen und Indogermanen und, wenn möglich, auch noch bei deren Vorläufern, den jungsteinzeitlichen Ackerbauern und Viehzüchtern in Mesopotamien sowie den altsteinzeitlichen Jägern in Eurasien.

B Rot

I Die Farbe „Rot" in der germanischen Überlieferung

Die Wurzel der Symbolik der Farbe „Rot" bei den Germanen ist das Blut und somit das Leben.

I 1. Das rote Blut

I 1. a) Kenningar, die „rot" enthalten

Die Farbe Rot hat in allen bekannten Kenningarn die Bedeutung „Blut".

töten	*die Schwerter röten*		anonym	Gripirs Weissagung
töten	*Pfeile röten*		anonym	Ketil Forelle
töten	*Pfeile in Blut röten*		Thorleik	Heimskringla
kämpfen	*den ganzen Schild-Stab mit Blut rot färben*	Schild-Stab = Schwert	Thorgils	Lachstal-Saga
Schild	*rotes Schlachten-Brett*		Erik der Skalde	Heidarviga-Saga
Schild	*Rot-Rand*	Rand = Metallrand des Schildes = Schild	anonym	das andere Gudrun-Lied
bluten	*rote Mäntel anziehen*		Snorri Sturluson	Hattatal
Wunde (am Kopf)	*eine rote Kappe erhalten*		Hastein	Landnahme-Buch
Wunde (am Kopf)	*rotes Haar tragen*		Hastein	Landnahme-Buch
tot	*eine rote Kappe haben*	blutiger Schädel	Thurid	Heidarviga-Saga
töten	*den Kopf des Adlers röten*	ihn mit Leichen füttern	Thjodolfr	Heimskringla

I 1. b) Die Saga über Halfdan Brana-Ziehsohn

In der folgenden Szene ist rot die Farbe des Blutes und schwarz die Farbe des Giftes.

„Der dritte Schatz, den Du haben sollst, ist ein Ring. Er wird Hnitud genannt. Er besteht aus drei Teilen. Wenn Dir ein Feind nah ist und Du diesen Ring besitzt, dann wirst Du wissen, an welchem Tag er Dich töten will. Wenn er Dich mit Waffen töten wird, wird der Ring rot wie Blut sein, aber wenn er Dich mit Gift betrügen will, ist er schwarz wie Teer."

I 1. c) Personennamen

Mit dem Wort für die Farbe Rot wurden nur Männernamen gebildet, was vermuten läßt, daß die Farbe Rot dort das Blut und den Kampf symbolisiert – sofern es nicht offensichtlich eine rote Haar- oder Bartfarbe bezeichnet.

Name	Bedeutung
- rote Haare und roter Bart -	
Raudr, Rödh	Roter = Rothaariger
Raudkarr	Rot-Lockiger
Raudskeggr	Rot-Bart
- Krieger -	
Raud-Nallir	Rot-Schrecklicher = Kämpfer
Raudulfr	Rot-Wolf = Ulfhedin
Raudbjörn	Rot-Bär = Berserker
Raudumskialdi	Rot-Schild = Krieger

I 1. d) Völsungen-Saga

Im Zusammenhang mit Sigurd hat die Farbe Rot vermutlich sowohl die Bedeutung

„Blut" als auch „Kampf" und „Stärke".

Nun ritt Sigurd fort. Sein Schild hat viele Ecken, hatte rotgold als Grundfarbe und darauf war das Bild eines Drachen gemalt, dessen Oberseite dunkelbraun und dessen Unterseite von einem hellen rotbraun war. Mit demselben Bild waren auch sein Helm, sein Sattel und der Umhang über seiner Rüstung bemalt. Er trug eine goldene Brünne und auch alle seine Waffen waren goldgeschmückt.
Der Drache war auf alle seine Waffen gemalt, damit, wenn ihn jemand sah, jedermann wußte, wer dort ging – jeder, der von seinem Töten des großen Drachen gehört hatte, den die Waräger Fafnir nennen: Aus diesem Grunde sind seine Waffen goldgeschmückt und ist der Drache von brauner Farbe.

I 2.   Gerötete Runen

Runen wurden allgemein dadurch geweiht, daß man Blut in sie schmierte – in der Regel das Blut eines Opfertieres, aber manchmal auch das eigene Blut.
Weitere Beispiele für diesen Brauch finden sich in dem Band 72 über die Runen.

I 2. a)   Die Saga über Egil Skallagrimsson

In dieser Saga wird ein sehr drastisches Beispiel für die Wirkung von Runen gegen Schadenszauber geschildert. Vermutlich hat Egil bei seinem Anti-Gift-Zauber die „not"-Rune benutzt und evtl. auch die „lögr"-Rune. Um sie zu aktivieren, rötete er sie mit seinem eigenen Blut.

Bard bat ihn zu trinken und mit dem Spotten aufzuhören. Egil trank jedes Horn, der zu ihm kam und er trank auch für Aulvir.
Da ging Bard zu der Königin und sagte ihr, daß dort ein Mann sei, der ihnen Schande bereite, denn wieviel er auch trank, sagte er doch immer wieder, daß er durstig sei.
Da mischten die Königin und Bard einen Trank mit Gift und trugen ihn hinein. Bard weihte das Horn und gab es dann der Ale-Maid. Sie trug es zu Egil und bat ihn zu trinken. Egil zog sein Messer und stach sich in die Handfläche. Dann nahm er das Horn, ritzte Runen hinein und schmierte Blut in sie.
Er sang:

„Ritze Runen rings um das Horn,
röte den ganzen Zauberspruch mit Blut;
Weise Worte wählte ich für das Horn,
der aus dem hohen Horn des Tiers geschaffen wurde.
Laßt uns nun trinken, laßt uns gut trinken,
den Trank, den die freundliche Ale-Trägerin brachte,
und seht, daß Gesundheit in dem Ale ruht,
in dem heiligen Ale, das Bard gesegnet hat!"

Da barst das Horn in der Mitte auseinander und der Trank lief auf das Stroh auf dem Boden. Da begannen Aulvir die Sinne zu schwinden. Da stand Egil auf, ergriff Aulvir bei seiner Hand und führte ihn zur Tür.

I 3. Die Farbe des Lebens

I 3. a) Die Saga über Halfdan Brana-Ziehsohn

Die folgende Beschreibung ist möglicherweise von der Darstellung der Hel inspiriert worden, die halb blau und halb hautfarben ist. Da „blau" die Farbe der Leichen und des Todes ist, muß „rot" hier die Farbe des Lebens sein.

Der Jarl antwortete: „Soti ist ein verfluchter Berserker. Er hat zwei Farben. Eine seiner Seiten ist blau und die andere Seite ist rot. Er trägt keine Kleider an seinem Leib. Er ist völlig kahl an seinem Kopf bis auf ein einziges Haar, das in der Mitte seines Schädels steht."

I 3. b) Jomswikinger-Saga

In den im folgenden geschilderten Träumen scheint Rot die Farbe des Lebens zu sein, auch wenn dies nicht besonders markant geschildert wird.

Ein Jarl, der über Holstein herrschte, hieß Haraldr. Er wurde Narben-Harald genannt und war ein kluger Mann. Der Jarl hatte eine Tochter, die Thyri hieß und hellseherisch war. Sie war eine sehr schöne Frau und deutete Träume besser als andere Menschen. Der Jarl liebte sie sehr und da, wo sie war, schien ihm die

Landesherrschaft gesichert zu sein.

Als Gormr erwachsen wurde und das Königreich übernommen hatte, begab er sich mit einem großen Heer außer Landes und hatte vor, um die Tochter des Jarls Harald zu werben. Falls dieser ihm nicht die Frau geben wollte, hatte er vor, ihn anzugreifen. Als Jarl Harald und seine Tochter von König Gorms Fahrt und seinem Vorhaben erfuhren, schickten sie ihm Leute entgegen und luden ihn zu einem prächtigen Gelage ein. Das nahm der König an.

Als er sein Anliegen vor den Jarl gebracht hatte, gab ihm dieser als Antwort, daß sie selbst darüber entscheiden sollte. „Denn sie ist viel klüger als ich."

Der König drängte da bei ihr selbst auf die Heirat. Sie antwortete so: „Das wird nicht sogleich entschieden werden und Du sollst Dich mit guten und ehrenvollen Geschenken versehen nach Hause begeben. Aber wenn Dir an der Heirat mit mir gelegen ist, dann sollst Du, wenn Du heim kommst, ein Haus an einer Stelle errichten lassen, wo zuvor keines gestanden hat und das Dir genehm ist, um darin zu schlafen. Dort sollst Du in der ersten Nacht des Winters schlafen und drei Nächte hintereinander. Erinnere Dich genau, ob Du etwas träumst, und laß es mir berichten. Dann werde ich den Gesandten sagen, ob Du mich zur Hochzeit holen sollst oder nicht. Du brauchst nicht zu kommen, wenn Du nichts träumst."

Dann begab sich König Gormr mit ehrenvollen Geschenken nach Hause und wollte gewiß ihre Klugheit erproben. Als er nach Hause kam, verhielt er sich so, wie sie ihn angewiesen hatte. Der König schlief nun drei Nächte in dem Haus, aber er ließ es von dreien seiner Männer bewachen, damit kein Anschlag verübt werden konnte.

Dann schickte der König seine Männer zu dem Jarl und dessen Tochter, um von seinen Träumen zu berichten. Als sie seine Träume gehört hatte, sprach sie, sie sollten dem König sagen, daß sie mit ihm kommen würde. Die Gesandten übermittelten nun dem König ihre Entscheidung und dieser wurde darüber sehr froh.

Er brach bald mit einem großen Gefolge von zu Hause auf, um seine Braut zu holen. König Gormr kam nun nach Holstein. Als Jarl Harald von der Fahrt des Königs erfuhr, richtete er zu seiner Ankunft ein großartiges Fest aus und dort fand die Hochzeit statt.

Während des Festes erzählte König Gormr zur Unterhaltung seine Träume und Königin Thyri deutete sie.

Der König sagte, daß er in der ersten Nacht geträumt hatte, daß er meinte, draußen zu stehen und über sein gesamtes Reich zu blicken. Ihm schien sich das Meer so weit vom Land zurückzuziehen, daß er es nicht mehr sehen konnte. Alle Sunde und Fjorde waren trocken. Dann sah er drei weiße Ochsen aus dem Meer steigen. Sie fraßen alles Gras von der Erde und gingen dann wieder ins Meer.

Im zweiten Traum schien es ihm, als ob wiederum drei Ochsen aus dem Meer stiegen. Sie waren rot und hatten große Hörner. Sie fraßen ebenfalls das Gras von der Erde und gingen dann wieder ins Meer.

Im dritten Traum sah der König wiederum drei Ochsen aus dem Meer steigen. Sie waren vollkommen schwarz, sehr groß und hatten gewaltige Hörner. Sie fraßen wiederum das Gras vom Land und gingen dann wieder ins Meer. Danach hörte er ein so lautes Donnern, daß er meinte, man müßte es in ganz Dänemark hören. Er sah, daß das vom Meer kam, das wieder zum Land zurückfloß.

„*Und jetzt, Königin, will ich, daß Du zur Unterhaltung der Leute die Träume deutest.*"

Sie sagte, so solle es geschehen. „Daß drei weiße Ochsen aus dem Meer ans Land stiegen, bedeutet, daß drei so schneereiche Jahre kommen werden, daß die Ernte in Dänemark vernichtet werden wird. Daß außerdem drei rote Ochsen heraustiegen, bedeutet, daß drei wenig schneereiche, aber dennoch nicht gute Jahre kommen werden. Daß die drei schwarzen Ochsen heraustiegen, bedeutet, daß drei weitere Jahre kommen, die so schlimm werden, daß sich keiner an solche erinnern können wird. Es wird eine so große Hungersnot auftreten, daß es kaum Beispiele dafür geben wird, daß so etwas zuvor geschehen ist. Daß die Ochsen große Hörner hatten, bedeutet, daß viele ihr gesamtes Eigentum verlieren werden. Dann hörtest Du ein großes Donnern von der Flut. Das deutet auf Streit zwischen mächtigen Männern, die nahe mit Dir verwandt sind, hin. Wenn Du das in der ersten Nacht geträumt hättest, was nun in der letzten war, würde der Unfriede zu Deinen Lebtagen aufkommen und dann wäre ich nicht mit Dir gekommen. Aber mit der Hungersnot werde ich zurecht kommen."

Nach diesem Fest fuhren König Gormr und Königin Thyri nach Hause nach Dänemark und ließen viele Schiffe mit Getreide und anderem Wertvollen beladen und alles nach Dänemark schaffen. So hielten sie es in jedem darauf folgenden Jahr, bis die Hungersnot kam. Da schadete sie ihnen und denen, die ihnen nahe standen, überhaupt nicht, weil sie viel von ihren Vorräten an die Landsleute abgaben.

Thyri war die klügste Frau, die je nach Dänemark kam, und sie wurde Dänemarks Rettung genannt.

I 4.   Rotes Feuer

I 4. a)   Der hürnene Siegfried

Feuer wurde als „rot" bezeichnet:

Der Stein ward ganz erleuchtet: /   Da mußt am End Siegfried
Die große Hitze fliehen,   /   die er vom Drachen litt:
Der trieb ihm stets entgegen   /   die Flammen blau und rot.
Der Held mußt sich verbergen,   /   des zwang ihn große Not.

Dies Motiv findet sich noch an einer zweiten Textstelle:

Der Alte blieb alleine / und schuf Siegfrieden Not:
Ihm gingen aus dem Halse / große Flammen blau und rot;
Er stieß auch oft Siegfrieden, / daß er am Boden lag.
Er war in solchen Nöten / nie seines Lebens Tag.

Der „Alte" ist der Drache.

I 4. b)   Die Saga über Thorsteinn Hausmacht

Nachdem Thorsteinn einem Tyr-Zwerg dessen Sohn gerettet hat, wird er von dem Zwerg mit magischen Gegenständen beschenkt.

„Ich habe nichts weiteres von Nutzen, das ich Dir geben könnte. Nur noch einen Stein will ich Dir zu Deinem Vergnügen geben."
Er nahm einen Stein aus seiner Tasche. Zu ihm gehörte eine Stahlspitze dazu. Der Stein hatte drei Ecken. In der Mitte war er weiß, aber rot auf der gegenüberliegenden Seite und er hatte einen goldenen Ring außen herum.

Dieser dreieckige und dreifarbige (weiß, rot, gold) Stein, der scheint eine Variante des Hrungnir-Herzens zu sein (siehe Hrungnir-Herz" in Band 67).

Der Zwerg sprach: „Wenn Du die Spitze dort gegen den Stein stichst, wo er weiß ist, wird ein so großer Hagelsturm kommen, daß es niemand wagen wird, sich ihm entgegenzustellen. Wenn Du jedoch Schnee tauen willst, solltest Du dorthin stechen, wo er golden ist, und die Sonne wird kommen, sodaß alles fortschmelzen wird. Aber wenn ihn dort stichst, wo er rot ist, dann werden in einem Funkenregen Glutstücke aus einem Feuer kommen, die niemand ertragen kann. Du kannst auch auf was immer Du willst, mit der Spitze oder dem Stein zeigen und es wird in Deine Hand zurückkommen, wenn Du es rufst. Ich kann Dich nicht noch mehr belohnen."

Diesen letzten Zauber hat auch Thors Hammer, der nach jedem Wurf zu ihm zurückkehrt.
… … …
Thorsteinn benutzte seinen magischen Stein später am Hof des Königs Geirröd, um seine Freunde zu unterstützen:

Thorsteinn nahm seinen Stein und den Stachel und stach ihn dort, wo er weiß war. Da kam ein Hagelsturm, der so heftig war, daß niemand es wagte, ihm entgegenzublicken und der Schnee lag bald knöchelhoch in der Halle. Der König lachte darüber.

Da stach Thorsteinn den Stein dort, wo er gelb war. Da kam ein so heißer Sonnenschein, daß der Schnee innerhalb kurzer Zeit getaut war. Süße Düfte wehten herein und Geirröd sagte, daß er ein geschickter Mann sei.

Thorsteinn jedoch sagte, daß er noch eine Trick wisse, der „Peitschen-Spiel" genannt werde.

Der König sagte, daß er ihn sehen wolle. Thorsteinn stellte sich in die Mitte der Halle und stach den Stein dort, wo er rot war. Da flogen Funken aus ihm heraus. Dann rannte er durch die ganze Halle an jedem Sitz entlang. Der Funkenschauer wurde immer größer, sodaß alle Männer ihre Augen schützen mußten. König Geirröd jedoch lachte.

Dann wuchsen die Feuer an, sodaß alle fanden, daß es nun reichte. Thorsteinn hatte zuvor Godmund gesagt, daß er hinausgehen und auf seinem Pferd fortreiten solle.

Thorsteinn sprang vor Geirröd und sagte: „Willst Du, daß diese Spiel noch heftiger wird?"

„Laß es mich sehen, Diener," sagte Geirröd.

Thorsteinn stach den Stein fester als jemals zuvor. Die Funken flogen in Geirröds Augen. Thorstein rannte zur Tür und schleuderte den Stein und den Dorn und sie flogen in König Geirröds Augen und er fiel tot nieder.

I 5. Die roten Figuren im Tafl-Spiel

I 5. a) Tafl-Spiel

Die Verteidiger des Tyr/Königs beim Tafl-Spiel, die meistens die roten Spielsteine sind, wurden auch als „Jungfrauen", d.h. wohl als die Walküren aufgefaßt. Möglicherweise haben diese Figuren diese Farbe von der Muttergöttin in ihrer Funktion als Jenseitsgöttin „geerbt".

I 5. b) Skaldskaparmal und Kalfsvisa

In diesen beiden Texten erscheint ein Roß mit dem Namen *„Blodughofi"*, d.h. „Blutig-Huf", was dieses Pferd wohl als Schlachtroß bezeichnen soll. In der Skaldskaparmal gehört es dem (Seekönig?) Atridi. In der Kalfsvisa soll es dem friedlichen Freyr gehören, was offenbar eine Umdeutung dieses Gottes der Fülle und der guten Ernten ist.

I 6. Rote Tiere

I 6. a) Skaldskaparmal

In den Versen des Thorgrimnir wird ein Stier als „Roter" umschrieben, was sich entweder auf sein rotbraunes Fell oder auf seine Aggressivität beziehen kann.

I 6. b) Der Seherin Ausspruch

In diesem alten Lied wird der Hahn auf dem Weltenbaum („Vogelwald"), neben dem das Hügelgrab des Tyr („Hügel") steht, auf dem der wiedergeborene Gott („Egdir") sitzt, als „rot" umschrieben (siehe dazu „Egdir" in Band 5). Wahrscheinlich soll die Farbe Rot hier das wiedergewonnene Leben darstellen. Der Hahn ist häufig an die Stelle des Adlers getreten, der ursprünglich der Seelenvogel des Göttervaters gewesen ist (siehe „Hahn" und „Adler" in Band 40).

Da saß am Hügel und schlug die Harfe
Der Riesin Hüter, der heitere Egdir.
Vor ihm sang im Vogelwalde
Der hochrote Hahn, geheißen Fialar.

I 7. Rote Waffen und Segel

I 7. a) Atli-Saga

In diesem Lied erscheint der Begriff „schlachtrote Panzer". Da es sich um Geschenke handelt, können sie nicht von Blut gerötet sein. Vermutlich wird hier, wie so oft, Gold bzw. Bronze als „rot" bezeichnet.

Atli sandte einst zu Gunnar
Einen klugen Boten, Knefröd genannt.
Er kam zu Giukis Hof und Gunnars Halle,
An der Bank des Herdes zu süßem Gebräu.

Das Gesinde trank – noch schwiegen die Listigen –
In der Halle den Wein in Furcht vor den Hunnen.
Da kündete Knefröd mit kalter Stimme,
Der südliche Gesandte; er saß auf der Hochbank:

„Sein Geschäft zu bestellen, sandte mich Atli
Auf knirschendem Roß durch den unkunden Dunkelwald,
Auf seine Bänke euch zu bitten, Gunnar:
In häuslichen Hüllen suchet Atli heim.

Da mögt ihr Schilde wählen und geschabte Eschen,
Hellgoldne Helme und hunnische Schwerter,
Schabracken goldsilbern, schlachtrote Panzer,
Geschoß krümmende, und knirschende Rosse.

Er gibt euch auch gerne die weite Gnitaheide,
Gellenden Ger nebst goldnem Steven,
Herrliche Schätze und Städte Danps,
Und das schöne Gesträuch, Schwarzwald genannt."

I 7. b) Das erste Lied über Helgi Hunding-Töter

Das Erheben eines roten Schildes war ein Symbol für den Angriff und indirekt somit auch für Blut.

Sinfiötli versetzte – und schlug am Rah
Ein rotes Schild auf, des Rand war von Gold;
Er war ein Sundwart der sprechen konnte
Und Worte wechseln mit werten Männern.

Sund = Meerenge; Sundwart = Führer eines Schiffes

I 7. c)   Die Styrbjarnar-Geschichte

Die Hild des Kampfes steht jeden Morgen unter dem roten Schild.
Jetzt haben die Siegmädchen den Dänen hartes Schwertspiel (Kampf) bestimmt.
Wie alle müßt ihr mit dem Schwert gegen Balders bösen, dunklen Vater kämpfen.
Der harte Odin will die Gefallenen auswählen.

Hild des Kampfes = Walküre
Siegmädchen = Walküren
Schwertspiel = Kampf
Zu der Symbolik der roten Schilde siehe auch „Schilde" in Band 66.

I 7. d)   Die Geschichte über Thordr den Ängstlichen

Rote Schilde scheinen beliebt gewesen zu sein:

Indridi macht sich sofort zum Aufbruch bereit und ergriff seine Waffen. Er hatte einen Helm und einen roten Schild, einen langen Speer mit Widerhaken und er war mit einem scharfen Schwert gegürtet.

I 7. e)   Hrafnsmal

Vielleicht weisen auch die roten Segel auf den Kampf hin.

Ich dachte, Du würdest den König kennen,
der in Kvinnar wohnt, den Herrn der Nord-Männer.
Unter seinem Befehl stehen hohe Schiffe mit roten Segeln
und karmesinroten Schilden, geteerten Rudern und Gischt-besprenkeltem Zelt.

I 8. Rote Kleidung

I 8. a) Die Saga über Thrond von Gate

In dieser Saga tragen zwei Männer einen roten Kittel – vermutlich eine Art Tunika.

Beinamen wie „der Rote" beziehen sich im allgemeinen auf die Haarfarbe des betreffenden Mannes.

Sie sahen einen großen, kühn blickenden Mann in einem roten Kittel an der Spitze reiten, der einen Schild hielt, der halb blau und halb golden bemalt war. Er trug einen Helm auf seinem Haupt und eine große Hellebarde in seiner Hand und sie glaubten zu erkennen, daß es Sigurd Thorlasson war.

Neben ihm schritt ein kräftiger Mann in einem roten Kittel, der einen roten Schild trug. Sie glaubten, daß sie genau wüßten, wer dies war, nämlich Thord der Kurze.

Der dritte Mann trug einen roten Schild mit einem darauf gemalten Männergesicht und hielt eine große Axt in seiner Hand. Dies war Geat der Rote.

I 8. b) Die Saga über Thrond von Gate

Sigurd war in einen roten Kittel gekleidet und er trug einen blauen Umhang über seinen Schultern.

I 8. c) Die Saga über Thrond von Gate

Auch Frauen trugen rote Kittel:

Sigurd sah, daß die Kirche offenstand und daß eine Frau in einem roten Kittel und in einem blauen Mantel über ihren Schultern aus ihr heraustrat.

I 8. d)   Die Saga über die Bewohner von Eyre

Es wird über Steinthor gesagt, daß er in einen roten Kittel gekleidet war.

I 8. e)   Die Lachstal-Saga

Giermund beteiligte sich für gewöhnlich nicht an den Alltagsangelegenheiten und war zu allen Leuten unwirsch. Er war meistens wie folgt gekleidet: Er trug untendrunter einen scharlachroten Kittel und obendrüber einen grauen Umhang und auf seinem Kopf eine Bärenfellmütze und ein Schwert in seiner Hand.

I 8. f)   Die Lachstal-Saga

Kjartan antwortete nichts, sondern ging sofort ohne seinen Umhang fort. Er trug einen Kittel von scharlachroter Farbe.

I 8. g)   Die Lachstal-Saga

Neben ihm saß ein Mann in einem vergoldeten Sattel. Er trug einen scharlachroten Kittel und einen Goldreif an seinem Arm und ein goldbesticktes Band um sein Haupt.

I 8. h)   Die Lachstal-Saga

Rot ist anscheinend schon damals im hohen Norden mit dem Königtum assoziiert worden – das nordische Königtum ist zu einem großen Teil durch die mitteleuropäischen Könige inspiriert worden.

Kjartan tat, worum ihn sein Vater gebeten hatte. Er nahm die scharlachroten Kleider, die ihm König Olaf zum Abschied gegeben hatte und kleidete sich prächtig. Er gürtete sein Schwert, das ihm der König geschenkt hatte. Er trug einen vergoldeten Helm auf seinem Haupt und hielt an seiner Seite einen roten Schild, auf den das

Heilige Kreuz in Gold gemalt worden war. In seiner Hand hielt er einen Speer, dessen Spitzen-Hülse mit Gold eingelegt war.

I 8. i)   Heimskringla: Saga über Harald Hart-Rat

König Harald gab Thorer von Steig auch einen Mantel von dunklem Purpur, der innen mit weißem Fell gefüttert war, und versicherte ihn zudem seiner Freundschaft.

I 8. j)   Nials-Saga

Gunnar trug die Scharlachtuchkleidung, die er von König Harald Gormsohn in Dänemark empfangen hatte, und an der Hand blinkte der Goldring, das Geschenk Hakon Jarl's.

I 8. k)   Nials-Saga

Vermutlich wurde rote Kleidung generell als vornehm angesehen.

Da sah er Gunnar ein Weib auf sich zukommen. Sie war fein gekleidet, denn sie trug ein rotes Gewand und darüber einen Mantel von Scharlachtuch mit Goldspangen bis zum Schoß besetzt; dazu war sie schön und wohl gewachsen und hatte schweres und herrliches Haar, das ihr über die Brust herabhing. Als sie sich begegneten, grüßte sie ihn und er grüßte sie wieder und frug nach ihrem Namen. Sie sagte, sie heiße Halgjerde und sei eine Tochter von Höskuld Dalekolsohn.

I 8. l)   Die Saga über Bosi und Herraud

Hier ist die rote Kleidung sehr deutlich als vornehm erkennbar:

Er trug einen scharlachroten Kittel und hatte einen silbernen Gürtel umgebunden und trug ein Goldband um seine Stirn.

I 8. m) Nials-Saga

In dieser Saga wird besonders häufig rote Kleidung beschrieben.

So blieb Skarphedin nur die Obliegenheit, das Pferd vorzuführen, Gunnar aber trat selbst vor, um es zu reizen. Er trug einen roten Rock und hatte sich mit einem breiten Gürtel gegürtet.

I 8. n) Nials-Saga

Es währte denn auch nicht lange, bis er einen roten Rock vor der Luke auf dem schrägen Dach zum Vorschein kommen sah. Es war der Normann Thorgrim.

I 8. o) Nials-Saga

Dabei kamen sie an einer Hütte vorbei, vor deren Tür mehrere Männer saßen; einer derselben trug einen Scharlachmantel um die Schultern, ein goldenes Stirnband auf dem Kopfe und eine silberbeschlagene Axt in der Hand.

I 8. p) Völsungen-Saga

Rote Umhänge waren auch bei den Südgermanen bekannt:

Es waren gut fünfhundert Männer und unter ihnen waren edle Männer. Bei ihnen waren Waldemar von Dänemark und mit ihm Eymod und Jarisleif.
Sie betraten die Halle des Königs Alf, bei dem die Langobarden und Franken und Sachsen waren: Sie waren alle in ihrer Kampfkleidung und trugen rote Pelzmäntel.
So heißt es im Lied:

„Kurzgeschnittene Brünnen,
starke gehämmerte Helme,
mit guten Schwertern gegürtet,
leuchtend rotes Haar."

I 8. q) Die Saga über Halfdan Brana-Ziehsohn

Hier ist die rote Farbe der Kittel nicht gerade vornehm, aber sie kennzeichnet trotzdem eine Anführerin.

Eines Tages, als die Ziehbrüder hinaus auf den Gletscher gingen, hörten sie am Abend ein brüllendes Lachen. Da sahen sie drei Riesinnen, von denen die erste einen roten Kittel trug. Halfdan sah, daß sie eine menschliche Gestalt hatte, aber die beiden anderen nicht.

I 9.   Das „Rot" der Jugend

I 9. a) Gesta danorum

Die folgende Darstellung des Mönches Saxo des Schriftkundigen in seiner „Geschichte der Dänen" ist schon christlich beeinflußt. In den folgenden Versen bedeutet „rot" soviel wie „lebendig" und „weiß" in etwa „jung".

Wertlos ist die leere Anmut der Schönheit, selbsttäuschend der betrügerische Stolz des guten Aussehens.
Stärke und Aussehen haben ein verschiedenes Schicksal: das eine bleibt bestehen, das andere vergeht.
Leeres Rot und Weiß lockt die Sünden an und wird Stückchen für Stückchen von den vorübergleitenden Jahren zerstört;
doch Mut fußt fester in den Herzen derer, die sich darauf ausrichten, und schwankt nicht und fällt nicht.

I 10.   „Rot" in Ortsnamen

I 10. a) Die Geschichte von Helgi Thorisson

Der Ortsname „Raudaborg" bedeutet „Rothügel, Rotburg, Rotstadt" und könnte mit „Rothenburg" übersetzt werden. Die Bedeutung des „rot" ist in diesem Zusammenhang unbekannt, aber sie könnte sich auf rote Erde, roten Fels o.ä. beziehen.

Ein Mann hieß Thorir. Er wohnte auf dem Hof, der Raudaborg heißt. Dieser Hof liegt nicht weit weg vom Oslofjord.

I 11. Zusammenfassung

Die wichtigste Assoziation zu der Farbe Rot ist das Blut gewesen und sekundär daher der Kampf und die Stärke. Möglicherweise hatte die rote Kleidung, die sich vor allem bei vornehmeren Personen und bei Anführern findet, ebenfalls die Symbolik der Stärke.

I 2. Die allgemeine Symbolik der Farbe „Rot"

Die Adjektive, die die Farben bezeichnen, lassen sich zum größten Teil bis in die eurasiatischen (borealischen) Sprachen zurückverfolgen, d.h. bis zum Homo sapiens in Eurasien in der Zeit nach seiner Ankunft in diesem Gebiet um ca. 50.000 v.Chr.

Das altnordische „raudr" für „rot" läßt sich nur bis zu dem indogermanischen „reudh" für „rot" zurückverfolgen. Der früh-indische Gott Rudra ist als der „Rote" benannt worden – aus ihm wurde später Shiva.

Das eurasiatische Adjektiv „kuru" für „rot, Blut" hat sich über das indogermanische „krewa" für „Fleisch, frisches Blut" zu dem altnordischen „hrar" für „roh" weiterentwickelt. Auch das deutsche Adjektiv „roh" stammt von dieser Wurzel ab.

Das Wort für „rot" ist ursprünglich recht sicher eine Ableitung von dem Substantiv „Blut" gewesen. Das Blut ist auch das wichtigste Rote für die Menschen in der Altsteinzeit gewesen.
Die Farbe Rot ist schon in der Altsteinzeit das Symbol für Blut, Leben und Atem gewesen und man assoziierte sie mit der Wiedergeburt, da man sie den Toten als Rötel und Ocker mit ins Grab gab und auch die Göttinnenstatuetten hin und wieder rot färbte.

Auch in der Jungsteinzeit sind in Mesopotamien und in den angrenzenden Bereichen bis hin nach Ägypten die meisten Göttinnenstatuetten rot gefärbt gewesen.
Die Priestergewänder sind ebenfalls bis in das frühe Königtum hinein rot gefärbt gewesen – rot ist auch heute noch die Farbe der Asketen-Kleidung in Indien und die Farbe der Auferstehung (Ostern) im Christentum.

Auch in der heutigen Farbsymbolik in der Psychologie ist diese Bedeutung der Farbe rot gleichgeblieben. Diese Beständigkeit liegt sicherlich in der Farbe des Blutes begründet.

Rot ist die Farbe des Blutes und des Lebens.

C Gelb

I Die Farbe „Gelb" in der germanischen Überlieferung

Die Symbolik der Farbe „Gelb" ist weitestgehend durch die Symbolik des Goldes geprägt, die vor allem eine Sonnen-Symbolik ist (siehe das noch folgende Kapitel „J Golden").

I 1. Gelbe Schilde

I 1. a) Hattatal

In dieser von Snorri Sturluson verfaßten Liste der verschiedenen Dichtungs-Formen der Germanen findet sich das Motiv *„gelber Schilde"*. Da dies jedoch die einzige Nennung gelber Schilde in der germanischen Überlieferung ist, werden sie wohl der Vorstellung des Snorri entsprungen sein.

I 2. Gelb in der Magie

I 2. a) Gesta danorum

In dieser Saga ist eine dunkle Masse mit gelben Flecken eine magische Stärkungs-Speise. Diese Farbgebung erinnert an die Sonne in der Unterwelt – die dann am Morgen zurückkehrt. Auch die Herstellung dieses Breis aus Schlangen paßt zu dieser Assoziation, da die Schlange die Gestalt der Toten und auch des Göttervater im Jenseits ist. Das „Gelb" wäre dann eigentlich ein „Sonnen-Golden".

Roller wurde von seinem Vater ausgesandt um nachzusehen, was derweil zu Hause geschehen war.
Als er Rauch aus der Hütte seiner Mutter aufsteigen sah und vorsichtig mit einem Auge durch eine Ritze hineinblickte, sah er seine Mutter etwas Gekochtes in einem

übel aussehen Topf rühren. Er sah außerdem drei Schlangen, die von oben an einer dünnen Schnur herabhingen und aus deren Mäulern in Tropfen Speichel in das Mahl hinabtropfte.

Nun waren zwei von ihnen von dunkler Färbung, während die dritte weißliche Schuppen hatte und etwas höher als die beiden anderen hing. Diese letzte war an ihrem Schwanz festgebunden worden, während die beiden anderen mit einer Schnur um ihren Bauch gebunden worden waren.

Roller fand, daß das Ganze nach Magie aussah, aber schwieg über das, was er gesehen hatte, damit er nicht seine Mutter der Magie beschuldigte – denn er wußte nicht, daß die Schlangen in der Natur harmlos waren oder wieviel Stärke für das Mahl gebraut wurde.

Dann kamen Ragnar und Erik herbei und traten, als sie Rauch aus der Hütte aufsteigen sahen, ein und setzten sich zum Mahl. Als sie am Tisch saßen und Krakas Sohn und Stiefsohn mit dem Essen beginnen wollten, setzte sie ihnen eine kleine Schüssel mit einer fleckigen Masse vor, die zum Teil dunkel, aber mit gelben Flecken war, während ein anderer Teil weißlich war: der Inhalt des Topfes hatte entsprechend der Färbung der Schlangen eine verschiedene Färbung angenommen.

Und nachdem jeder von ihnen ein kleines Stückchen gegessen hatte, drehte Erik, der das Mahl nicht nach seiner Farbe, sondern nach seiner innerlich stärkenden Wirkung beurteilte, die Schüssel schnell herum und schob dadurch den Teil zu sich, der zwar schwarz war, aber aus den stärkeren Säften bestand, und setzte dadurch den den weißlichen Teil, der zuvor vor ihm selber gestanden hatte, zu Roller und aß daraufhin selber mehr von seinem Mahl.

Um zu vermeiden, daß es so aussah, als ob der Tausch Absicht gewesen sei, sagte er: „So wird der Bug zum Heck, wenn die See heftig wogt." Der Mann hatte nicht wenig Schlauheit, in dieser Weise die Vorgänge mit einem Schiffes zu benutzten, um seine geschickte Tat zu verbergen.

Da erlangte Erik, der nun durch sein glückliches Mahl erfrischt worden war, durch dessen innere Wirkung den höchsten Grad an menschlicher Weisheit, denn die Macht des Mahles ließ in ihm die ganze Fülle des Wissens in einem unglaublichen Ausmaß entstehen, sodaß er sogar die Fähigkeit erlangte, die Rufe der wilden Tiere und des Viehs zu verstehen, da er nun nicht nur in allen Angelegenheiten der Menschen gut bewandert war, sondern auch die genauen Gefühle der Tiere verstehen konnte, die sie durch die Töne ausdrückten. Er war nun auch mit einer Beredsamkeit begabt, die so höflich und anmutig war, daß er alles, was auch immer er sagen wollte, mit einem Fluß von geistreichen Sprichworten versehen konnte.

Doch als Kraka herbeikam und sah, daß die Schüssel herumgedreht worden war und daß Erik den stärkeren Teil des Mahles gegessen hatte, klagte sie darüber, daß das Glück, daß sie für ihren Sohn gebraut hatte, nun zu ihrem Stiefsohn gelangt war. Da begann sie zu seufzen und bedrängte Erik, daß er niemals aufhören solle, seinem

Bruder zu helfen, da seine Mutter ihm solch ein kostbares und seltenes Glück gegeben hatte – denn durch das Verspeisen eines einzigen schmackhaften Mahles hatte er die höchste Weisheit und Beredsamkeit erlangt und dazu noch eine große Aussicht auf Erfolg im Kampf.

Sie fügte noch hinzu, daß Roller fast genausoguten Rat geben konnte und daß er nicht vollkommen den Leckerbissen verpaßt hatte, der für ihn bestimmt gewesen sei. Sie sagte ihm ebenfalls, daß er im Falle einer großen und heftigen Not schnell Hilfe erlangen könne, indem er ihren Namen rief. Sie erklärte ihm, daß sie zum Teil in ihre inneren göttlichen Eigenschaften vertraute und daß sie, da sie mit den Göttern Umgang pflegte, eine angeborene und himmlische Macht in sich trug.

Erik sagte, daß er natürlich dahingezogen werden würde, seinem Bruder beizustehen, und daß der Vogel schändlich sei, der sein eigenes Nest beschmutze.

I 2. b)   Die Saga über Thorsteinn Hausmacht

Die ausführlichere Fassung findet sich im Kapitel 4. b) bei der Farbe „Rot".

„*Ich habe nichts weiteres von Nutzen, das ich Dir geben könnte. Nur noch einen Stein will ich Dir zu Deinem Vergnügen geben." Er nahm einen Stein aus seiner Tasche. Zu ihm gehörte eine Stahlspitze dazu. Der Stein hatte drei Ecken. In der Mitte war er weiß, aber rot auf der gegenüberliegenden Seite und er hatte einen goldenen Ring außen herum.*

Der Zwerg sprach: „Wenn Du die Spitze dort gegen den Stein stichst, wo er weiß ist, wird ein so großer Hagelsturm kommen, daß es niemand wagen wird, sich ihm entgegenzustellen. Wenn Du jedoch Schnee tauen willst, solltest Du dorthin stechen, wo er golden ist, und die Sonne wird kommen, sodaß alles fortschmelzen wird. Aber wenn ihn dort stichst, wo er rot ist, dann werden in einem Funkenregen Glutstücke aus einem Feuer kommen, die niemand ertragen kann. Du kannst auch auf was immer Du willst, mit der Spitze oder dem Stein zeigen und es wird in Deine Hand zurückkommen, wenn Du es rufst. Ich kann Dich nicht noch mehr belohnen."

I 3.   Gelbe Schiffs-Bemalung

I 3. a)   Saga über Sörli den Starken

Auch Schiffe wurden manchmal z.T. gelb bemalt. Da diese Farbe jedoch zusammen mit vielen anderen Farben erwähnt wird, wurde ihr wohl keine besondere Bedeutung beigemessen.

Am Morgen, als die Männer auf dem Schiff des Königssohnes erwachten, sahen sie sieben Schiff in der langen Meeresenge liegen. Eins von ihnen war ein solch prunkvolles und prächtiges Drachenschiff, daß niemand von ihnen jemals ein solches Schiff gesehen zu haben glaubte – weder an Größe noch an Ausschmückung.

Es war ganz mit Stahl bedeckt und oberhalb der Hoch-Wasserlinie mit Gold besetzt. Seine Planken waren mit großem Geschick geschnitzt und mit dem glänzendsten Gold verziert und die Schnitzereien waren mit Silber eingelegt worden.

Es war mit allen Arten von Schattierungen von grün und weiß, von gelb und blau, von beige-braun und schwarz schön gefärbt und bemalt worden.

I 4.   Personennamen

Der einzige Personenname, der „gelb" oder „braun" bedeutet, ist „Bruno" oder „Bruni". Dieser Männername ist mit der Bezeichnung „Brünne" für den Brustpanzer nah verwandt und ebenso mit der heutigen Farb-Bezeichnung „braun". Wie die Brünne zeigt, ist mit „brun" ein gelbbraun gemeint, das wie Bronze aussieht – auch der Name dieser Metall-Legierung ist mit „Bruno" verwandt.

„Bruno" ist somit der Bronzefarbene, was sich sowohl auf seine Haarfarbe als auch auf seine Brünne und seine Waffen, die aus Bronze hergestellt worden sind, beziehen könnte.

Die Symbolik dieses Namens und dieser Farbe entsprechen somit wieder der Symbolik des Goldes.

I 5. Zusammenfassung

> Die Symbolik der Farbe „Gelb" entspricht der Sonnen-Symbolik der Farbe „Golden".

II Die allgemeine Symbolik der Farbe „Gelb"

Das altnordische „gula" für „gelb" stammt von dem indogermanischen „ghel" für „glänzen, blank, grünlich/gelblich/bläulich schimmernd" ab.
Gelb und Golden sind die Farbe der Sonne.

D Blau

I Die Farbe „Blau" in der germanischen Überlieferung

Die Farbe „Blau" war vor allem in der Kleidung sehr beliebt. Vermutlich ist sie mit Färberwaid blau gefärbt worden.

I 1. Der blaue Mantel der Männer

Der blaue Mantel ist mit Abstand der häufigste blaue Gegenstand bei den Germanen.

I 1. a) Grimnir-Lied

Der blaue Mantel wird auch von Odin getragen. Er könnte daher entweder ein Symbol für den hohen Stand seines Trägers sein oder für seine priesterlich-schamanische Tätigkeit. Beide Funktionen fallen in Odin zusammen, da er ursprünglich ein Schamanengott gewesen ist und ab ca. 100 n.Chr. bei den Südgermanen und ab 500 n.Chr. dann auch bei den Nordgermanen auch zum Göttervater und Kriegsgott geworden ist. Zudem wurde von ihm die schamanische Ekstase zur Kampfekstase weiterentwickelt.

Odin trug einen blauen Mantel und nannte sich Grimnir.

I 1. b) Völsungen-Saga

Odins blauer Umhang wird noch ein zweites mal erwähnt:

Als aber die Schlacht schon eine Zeitlang gedauert hatte, kam ein Mann auf das Schlachtfeld, der in einen blauen Umhang gekleidet war und einen Schlapphut auf seinem Kopf trug und nur ein Auge hatte. In seiner Hand trug er eine Hippe. Er trat König Sigmund entgegen und erhob seine Hippe gegen ihn. Als Sigmund mit seinem Schwert heftig gegen die Hippe schlug, brach es in der Mitte auseinander: Daher wandte sich das Schlachtenglück gegen ihn und Verzweiflung überkam ihn, denn das Glück hatte König Sigmund verlassen und seine Männer fielen rings um ihn her.

Der König schonte sich nicht, sondern spornte vielmehr seine Männer an, aber so wie man sagt 'kein Erfolg gegen viele', so war es auch hier: In dieser Schlacht fielen König Sigmund und König Eylimi, sein Schwiegervater, in der vordersten Reihe der Schlacht und mit ihnen ein großer Teil ihres Volkes.

Eine Hippe ist ein Stab mit einem Messer an der Spitze, das wie ein Raubvogelschnabel gebogen ist.

I 1. c)   Die Saga über die Siedler von Eyre

Auch Priester trugen manchmal einen blauen Mantel:

Snorri der Priester trug einen blauen Mantel und ritt an der Spitze.

I 1. d)   Die Saga über Kampf-Glum

Der blaue Mantel konnte auch von Fürsten u.ä. getragen werden:

Er sah einen hohen und vornehm aussehenden Mann, der einen langen blauen Umhang trug und auf dem Hochsitz saß.

I 1. e)   Gisli-Saga

Ich glaube, ich habe Vestein durch die Stadt reiten sehen. Er trug einen blauen Mantel.

I 1. f)   Gisli-Saga

Da nahm er das Schwert „Graustahl" aus der Truhe und kleidete sich in einen blauen Umhang und in seinen Kittel und seine Leinenhose und seine Schuhe.

I 1. g)   Gisli-Saga

Gisli hatte die Gewohnheit, stets seinen blauen Umhang zu tragen und er war oft gut gekleidet.

I 1. h)   Gisli-Saga

Als jedoch Bork und seine Freunde zu dem Mann in dem blauen Umhang kamen, rissen sie ihn fort und sahen, wer sich darunter verbarg.

I 1. i)   Njals-Saga

Thraen Sigfussohn hatte eine schnelle Fahrt gehabt von Norwegen nach Island. Sobald er an Land kam, ritt er heim zu seinem Hofe Grytaa. Seine ganze Sippe hielt ihn jetzt für ihren Anführer und Häuptling, so daß er ein angesehener Mann war. Er hatte immer fünfzehn waffenkundige Männer auf seinem Hofe, und wurde überall, wo er auftrat, von acht Männern begleitet. Er war sehr prachtliebend und trug gewöhnlich einen blauen Mantel, über den er das Schwert gegürtet hatte, einen goldenen Helm, einen prächtigen Schild und einen Speer, den er von dem Jarl Hakon empfangen hatte.

I 1. k)   Njals-Saga

Nial trug einen blauen Mantel, einen niedrigen Hut auf dem Haupte und eine Handaxt in der Hand.

I 1. l)   Njals-Saga

Hald hatte sich in einen blauen Mantel gehüllt und trug eine kleine silberbeschlagene Axt in der Hand.

I 1. m) Die Saga über Kampf-Glum

Glum zog seinen blauen Mantel über, nahm seinen Gold-eingelegten Speer und sattelte sein Pferd.

I 1. n) Egil-Saga

Als sie zum Thing ritten, ritt vornean ein Mann in einem blauen Umhang. Er trug einen vergoldeten Helm und einen Gold-überzogenen Schild.

I 1. o) Die Saga über Thrond von Gate

Sigurd trug einen roten Kittel und einen blauen Umhang über seinen Schultern.

I 1. p) Lachstal-Saga

Thorgils wechselte nun seine Kleider und legte seinen blauen Umhang ab.

I 1. q) Lachstal-Saga

Der Junge sagte: „Dort saß ein Mann mit einem blauen Umhang in einem gefärbten Sattel."

I 1. r) Lachstal-Saga

Dort saß ein Mann in einem Sattel mit Sattelknauf, der einen blauen Umhang als Schutz trug.

I 1. s)   Die Saga über Viglund den Blonden

Aber da kam ein Mann in die Halle, der einen blauen Umhang trug und ein gezogenes Schwert in seiner Hand hielt.

I 1. t)   Lachstal-Saga

Es gab offenbar auch „magische Mäntel", die selber sprechen konnten – ähnlich wie manche Schiffe.

Da ritt er zum Thing zu seiner eigenen Hütte. Am Anfang war das Thing recht still.
Eines Tages hingen die Leute auf dem Thing ihre Kleidung zum Trocknen hinaus. Thorgils besaß einen blauen Umhang, den er über der Wand der Hütte ausgebreitet hatte.
Da hörten die Männer den Umhang wie folgt sprechen:

„Der Kapuzen-Umhang,
der an der Mauer hängt, kennt eine Borte;
ich sage nicht, daß er zwei kennt,
denn er ist vor kurzem gewaschen worden."

Da fanden die Leute, daß dies eine sehr erstaunliche Sache sei.

Das Wort für „Borte" konnte auch „List" bedeuten.
Thorgils hatte kurz zuvor zwei Männern die Goden-Würde fortgenommen und wurde kurz nach dem Spruch des Mantels selber erschlagen. Der Spruch des Mantels wird daher wohl als eine Todes-Ankündigung zu verstehen sein.

I 2.   Die blauen Mäntel der Frauen

I 2. a)   Njals-Saga

Auch Frauen konnten einen blauen Mantel tragen:

Man ließ sogleich Halgjerde holen und sie erschien begleitet von zwei anderen Frauen. Sie trug einen blauen gewirkten Mantel, darunter einen Rock von Scharlachtuch und einen silbernen Gürtel; das Haar wallte ihr zu beiden Seiten der Brust herab, und sie trug es unterhalb des Gürtels geknotet.

I 2. b)   Die Saga über Thrond von Gate

Sigurd sah, daß die Kirche offenstand und daß eine Frau in einem roten Kittel und einem blauen Umhang über ihren Schultern herauskam. Da wußte Sigurd, daß dies die Hausherrin Thurid war und ging zu ihr hinüber.

I 2. c)   Regin der Schmied (Faröer)

Sie reiten in die Schlachten, lassen hier ihr Leben:
Nach lebt Hiördis, Sigmundurs Weib.
Hiördis wirft sich um den Mantel blau,
So ging sie auf das Feld, wo Sigmundur lag.

I 2. d)   Brünhild-Lied (Faröer)

Heraus kam die Frau Gudrun in einem blauen Mantel,
Ihr Haar lag auf den Schultern, durchflochten mit Seidenbändchen.

I 3.   Die blaue Hose

I 3. a)   Die Geschichte über Norna-Gest

In dieser Geschichte trägt Odin einen grünen Umhang und blaue Hosen:

Da sahen wir einen Mann auf der Landzunge stehen, die von den Klippen ins Meer hinausragte. Er trug einen grünen Umhang und blaue Hosen und hochzugeknöpfte

Schuhe an seinen Füßen und hielt einen Speer in seiner Hand.

I 3. b) Nials-Saga

Er nahm den Mantel an sich und warf dafür ein Paar blaue Beinkleider Flose vor die Füße.

I 3. c) Nials-Saga

Skapte hatte unterdessen seine Augen fortwährend auf Skarphedin gerichtet, wie er dastand im blauen Gewand, blaugestreiften Beinkleidern, schwarzen Schuhe mit hohen Absätzen an den Füßen und einem silbernen Gürtel um die Hüften gegürtet.

I 4. Der blaue Kittel

Blaue Kleidung scheint bei den Nordgermanen insgesamt recht beliebt gewesen zu sein.

I 4. a) Lachstal-Saga

Daneben saß ein junger Mann. Er trug einen blauen Kittel und schwarze Hosen.

I 4. b) Heimskringla: Saga über Harald Hart-Rat

Blau war offenbar ganz allgemein eine vornehme Kleidungsfarbe – egal ob Umhang, Hose oder Kittel.

Der englische König Harald sprach zu den Nordmännern, die bei ihm waren: „Kennt ihr den stämmigen Burschen in dem blauen Kittel und mit dem schönen Helm, der von seinem Pferd fiel?"
„Das ist der König selber," sagten sie.

I 4. c) Die Saga über Thorstein Viking-Sohn

Die folgende Stelle ist insofern interessant, als die beiden Männer Gautan und Ogautan vermutlich auf die beiden Pferde-Söhne („Alcis") des ehemaligen Göttervaters Tyr zurückgehen. Aufgrund der vielen bekannten blauen Kittel, Gewänder und Umhänge läßt sich leider nicht sicher auf eine blaue Kleidung der beiden Alcis schließen.

Da geschah es eines Tages, daß zwei Männer vor Njorfe traten – beide waren in blaue Kittel gekleidet.
Sie grüßten den König.
Er frug sie nach ihren Namen.
Der eine von ihnen sagte, er heißte Gautan, der andere sagte, er heiße Ogautan. Sie baten den König, ihnen Winterquartier zu gewähren.

I 5. Das blaue Gewand

Das blaue Gewand ist nicht immer sicher von dem blauen Umhang unterscheidbar. Vermutlich ist es eine Art langer Kittel gewesen.

I 5. a) Nials-Saga

Skapte hatte unterdessen seine Augen fortwährend auf Skarphedin gerichtet, wie er dastand im blauen Gewand, blaugestreiften Beinkleidern, schwarzen Schuhe mit hohen Absätzen an den Füßen und eine, silbernen Gürtel um die Hüften gegürtet.

I 5. b) Die Saga über Hovard von den Eisfjord-Leuten

Als sie endlich den Schiffshügel wieder erreichten, kam ihnen ein Mann mit hochgeschwungener Axt entgegengelaufen, er hatte einen langen, blauen Bauernrock an, welcher unten in einen Knoten zusammengeschürzt war, um ihn beim Gehen weniger zu hindern.

I 6. Blaumenschen

Die „Blaumenschen" sind die Toten. In den Sagas sind sie wie die Riesen und die Trolle, die ebenfalls ursprünglich Totengeister gewesen sind, zu Bewohnern des Nordens geworden.

I 6. a) Grettir-Saga

„Blau" ist die ungesunde Körperfarbe. Nach dem Kampf mit einer Troll-Frau war Guest nur noch so gerade am Leben:

Da war Guest so steif und erschöpft, daß er lange dort auf den Felsen lag. Als zu dämmern begann, ging er heim und legte sich in sein Bett. Er war über und über blau und geschwollen.

I 6. b) Die Saga von Sturlaug dem Hart-Arbeitenden

In dieser Saga erscheint eine Priesterin in einem Tempel des Thor und des Odin, die ganz blau ist:

In dem Tempel waren sechzig Frauen und eine unter ihnen stach unter allen anderen hervor. Sie war groß wie eine Riesin, blau wie der Tod und fett wie eine Stute, schwarz-äugig und gemein-aussehend. Trotzdem war sie gut gekleidet.

I 6. c) Gylfis Vision

Die Priesterin in der Sturlaug-Saga ist vermutlich von der Beschreibung der Hel inspiriert worden:

Sie ist halb blau-schwarz, halb menschenfarbig, also kenntlich genug durch grimmiges, furchtbares Aussehen.

Das Adjektiv „bla" wird meistens mit „schwarz" übersetzt; es bedeutet jedoch zunächst einmal „blau". Die Bedeutung „schwarz", die auch vorkommt, ist möglicherweise über „dunkelblau" entstanden.

I 6. d)   Die Saga über Halfdan Brana-Ziehsohn

Auch der Berserker in der Halfdan-Saga ist zweifarbig:

Der König frug, wie Soti aussieht.
Der Jarl antwortete: „Soti ist ein verfluchter Berserker. Er hat zwei Farben. Seine eine Seite ist blau, die andere ist rot. Er trägt keinerlei Kleider an seinem Leib. Er ist ganz kahl auf seinem Kopf – nur ein einziges Haar ragt in der Mitte seines Schädels empor."

I 6. e)   Die Saga über Thorstein Viking-Sohn

Dis heiratete Jokul Eisen-Rücken, einen blauen Berserker.

I 6. f)   Die Vision der Seherin

In diesem Lied wird „Blain" („Blauer") als eine Umschreibung für den getöteten Urriesen Ymir benutzt. „Blau" ist die Farbe des Todes.

Da gingen die Berater zu den Richterstühlen,
Hochheilge Götter hielten Rat,
Wer schaffen sollte der Zwerge Geschlecht
Aus Brimirs Blut und Blains Gebeinen.

I 6. g)   Grettir-Saga

Es wäre denkbar, daß die bei Kämpfen oft durch Prellungen entstehenden „blauen Flecken" mit der blauen Haut der Toten assoziiert worden ist – aber sicher ist dies keineswegs. Es ist ebenfalls unklar, ob in den folgenden zwei Zeilen nur Prellungen oder die Leichenfarbe gemeint ist – vermutlich das zweite, da die „Wikinger zu drastischen Bildern neigten.

„Er wird eine blaue Haut tragen,
wenn ich ihm jemals nahe kommen kann!"

I 6. h) Ynglinga-Saga

In dieser Genealogie der norwegischen Könige wird am Anfang die Geographie der Welt und ihre Bewohner beschrieben – entsprechend den damaligen Vorstellungen.

Groß-Schweden wird von manchen als nicht kleiner als das Große Serk-Land (Nordafrika) erachtet; andere vergleichen es dem Großen Blau-Land (Sahara).
Der nördliche Teil von Schweden ist wegen dem Frost und dem Schnee unbewohnt so wie die südlichen Bereiche des Blau-Landes wegen dem Brennen der Sonne öde sind.

Dieses Blau-Land hat offenbar nicht mit dem Blau des Todes zu tun. Sein Name ist vermutlich von dem ewig blauen Himmel abgeleitet worden.

In Schweden gibt es viele Fürstentümer und viele verschiedene Völker und viele verschiedene Arten von Sprachen. Dort gibt es Riesen und Zwerge und dort sind auch Blau-Menschen und es gibt dort auch noch seltsamere Wesen. Dort leben große, wilde Tiere und schreckliche Drachen.

Die „Blau-Menschen" gehören Snorri Sturluson zufolge in eine Kategorie mit den Riesen, Zwergen und Drachen, was ihre Deutung als die Toten im Jenseits, das man im hohen Norden vermutete, bestätigt.

I 6. i) Sörli-Saga

Auch in dieser Saga wird über ein „Blau-Land" berichtet. Leider wird jedoch nichts näheres erzählt, sodaß nicht klar ist, ob es sich um Afrika handelt oder um das Land der „Blau-Menschen". Da Sörli von einer Riesin im hohen Norden von dem „Blau-Land" erfährt und sie selber in diesem Land wohnt, ist es wahrscheinlicher, daß das Jenseits der „Blau-Menschen", also das Land der Toten gemeint ist.

Er frug die alte Frau, welches Land das sei, in das er gekommen war. Sie sagte ihm, daß es das Blau-Land sei und daß es von einem König mit dem Namen Estroval der Große beherrscht wird, einem der freigiebigsten Menschen in diesem Teil der Welt.

Später, nachdem Sörli wieder heimgekommen war, berichtete er über seine Erlebnisse:

Sörli berichtete alles über seine Fahrt und über den Ruhm, den er im Blau-Land errungen hatte.

I 6. k) Hamburgische Kirchengeschichte

Auch der Bischof Adam von Bremen hat um 1075 n.Chr. über Blau-Menschen berichtet:

Die dritte Insel ist die, welche Semland heißt, in der Nähe der Ruzzen und Polanen. Diese bewohnen die Semben oder Pruzzen, sehr menschenfreundliche Menschen, die denen, welche aus dem Meere Gefahr leiden, oder von Seeräubern angefallen werden, zur Hülfe entgegenfahren. Gold und Silber achten sie sehr gering; sie haben Überfluß an fremden Fellen, deren Duft unserer Welt das todbringende Gift der Hoffart eingeflößt hat. Und zwar schätzen jene diese Felle nicht höher denn Mist und damit, glaube ich, ist uns das Urteil gesprochen, die wir mit allen, rechten wie unrechten Mitteln nach einem Marderkleid wie nach der höchsten Glückseligkeit trachten. Daher bringen jene für wollene Gewänder, die wir Faldone nennen, die so kostbaren Marderfelle dar.

Von diesen Völkern könnte man noch viel Lobenswertes sagen was die Sitten anlangt, wenn sie nur den Glauben hätten, dessen Prediger sie voll Wildheit verfolgen. Bei ihnen erlangte Adalbert, der erlauchte Bischof der Böhmen, die Märtyrerkrone. Bis auf den heutigen Tag wird in Wahrheit noch den Unseren, mit denen sie doch sonst alles teilen, von ihnen der Zutritt zu den Hainen und Quellen verwehrt, welche, wie sie behaupten, durch den Besuch der Christen verunreinigt werden. Sie bedienen sich des Pferdefleisches als einer Speise, und trinken deren Milch und Blut, so daß sie sich selbst darin berauschen sollen.

Die Menschen sind blau (cerulei) von Farbe, das Gesicht ist rot und das Haar lang. Außerdem wollen sie, unzugänglich durch Sümpfe, keinen Herrn unter sich dulden.

I 7. Der blaue Schild

Die Kombination von blau und golden auf den beiden bekannten blauen Schilden legt die Vermutung nahe, daß auf ihnen die Sonne am Himmel dargestellt worden ist – aber das ist nur eine Vermutung.

I 7. a)   Die Saga über die Bewohner von Eyre

Sein Schild war dunkelblau und vergoldet.

I 7. b)   Die Saga über Thrond von Gate

An der Spitze sahen sie einen großen, kühn aussehenden Mann mit einem halb blau und halb golden bemalten Schild gehen.

I 8.   Die Schiffs-Bemalung

Die Drachenboote und andere Schiffe wurden farbig gestrichen. Manchmal werden diese Schiffe auch als „blau" bezeichnet – wobei eine blau-schwarze Farbe gemeint zu sein scheint. Vielleicht ist dies auch lediglich die Farbe des Birkenteers, mit dem die Schiffe wasserdicht gemacht wurden.

I 8. a)   Das erste Lied von Helgi dem Hundingstöter

Hier liegen am Lande vor Gnipalund
Blauschwarze Seetiere und goldgeschmückte.

Die „Seetiere" sind Schiffe.

I 8. b)   Högni-Lied (Faröer)

In diesem Lied sind die Segel des Drachenschiffes blau und golden. Hier wäre wie bei den Schilden eine goldene Sonne auf blauem Grund denkbar.

So läßt Högni Jukis Sohn ausrüsten sein Schiff:
Beides läßt er laden hinein, starkes Ael und Wein.
Sie stießen den Flutdrachen aus dem Strandschuppen nieder:
Da stand er fest auf der Kielspitze, lief dann fort und brauste.

Verpecht waren die Schnäbel, geschnitzt war jeder Balken,
Steven und Steuer aus rotem Gold, und so auch das Segel in der Spitze.
Verpecht waren die Schnäbel, die Planken waren neu,
Die vergoldeten Wimpel spielten oben inmitten des Gewölks.

Högni windet auf das Segel am Rah, sie fahren ins Meer hinaus:
Weinend wendet sich Grimhild zu Jukis Höfen zurück.
So weint die Königin Grimhild, das schöne Weib:
„Fahr wohl, Högni, mein Sohn, ich sehe Dich nimmer im Leben!"

Grimhild spricht für sich, indem Högni sich hebt auf die Fahrt:
„Ich kenne wohl Gudrun, die Tochter mein, im Ratschlag ist sie erprobt."
Sie segelten vom Lande hinaus in die salzige See:
Högni ergreift zwei Eisenruder und setzt sich selber zu rudern.

Ein Mann kam in die Halle hinein, und sagt Gudrun davon:
„Ich sehe ein Schiff vom Meere kommen mit Segeln golden und blau."
Gudrun so zu den Worten greift, ganz im goldenen Glanze:
„Gunnar und Högni werden's sein, die kommen mich zu besuchen."

I 8. c)   Die Saga über Sörli den Starken

Aufgrund der Vielfalt der Farben bei der Bemalung dieses Schiffes läßt sich nichts Genaueres über die einzelnen Farben feststellen.

Am Morgen, als die Männer auf dem Schiff des Königssohnes erwachten, sahen sie sieben Schiff in der langen Meeresenge liegen. Eins von ihnen war ein solch prunkvolles und prächtiges Drachenschiff, daß niemand von jemals ein solches Schiff gesehen zu haben glaubte – weder an Größe noch an Ausschmückung.
Es war ganz mit Stahl bedeckt und oberhalb der Hoch-Wasserlinie mit Gold besetzt. Seine Planken waren mit großem Geschick geschnitzt und mit dem glänzendsten Gold verziert und in den Schnitzereien mit Silber eingelegt worden.
Es war mit allen Arten von Schattierungen von grün und weiß, von gelb und blau, von beige-braun und schwarz schön gefärbt und bemalt worden.

I 9. Blaue Flammen

Einige male werden Flammen „blau und rot" genannt. Dies ist vermutlich lediglich eine Beobachtung der Farben von Flammen.

I 9. a) Der hörnerne Siegfried

Der Stein ward ganz erleuchtet: / Da mußt am End Siegfried
Die große Hitze fliehen, / die er vom Drachen litt:
Der trieb ihm stets entgegen / die Flammen blau und rot.
Der Held mußt sich verbergen, / des zwang ihn große Not.

I 9. b) Der hörnerne Siegfried

Der Alte blieb alleine / und schuf Siegfrieden Not:
Ihm gingen aus dem Halse / große Flammen blau und rot;
Er stieß auch oft Siegfrieden, / daß er am Boden lag.
Er war in solchen Nöten / nie seines Lebens Tag.

I 10. altnordische Wortbildungen mit „blau"

Es gibt eine ganze Reihe von Wort-Zusammensetzungen mit „blau". Einige von ihnen bezeichnen nur Dinge des Alltags, während andere auch etwas über die Symbolik der Farbe „blau" verraten.

1. Farb-Bezeichnungen

Zunächst einmal gibt es verschiedene Farbbezeichnungen, in denen sich zeigt, daß es offenbar einen fließenden Übergang von „blau" zu „schwarz" gegeben hat.

bla   = blau
blar   = blau (auch Prellung), schwarz, blaß (vor Schreck)

bla-flekkottr	= blau-gefleckt
bla-svartr	= bläulich-schwarz
bla-brunadr	= bläulich-braun
bla-hvitr	= bläulich-weiß
blana	= blau (vor Wut) oder blass (vor Schreck) werden

„Blau" scheint die Farbe der Wut gewesen zu sein („jemand läuft blau an"). Die Farbe Blau zeigte insbesondere dann Wut (oder den Tod) an, wenn sie bis zum Schwarz hin dunkler wurde. Wenn sich das Blau zum weiß hin aufhellte, zeigte es Schrecken an (jemand erblaßt).

Blau ist somit eng mit dem Kampf verbunden, in dem Wut und Schrecken am häufigsten auftreten.

2. natürliche blaue Dinge

Als nächstes gibt es eine Reihe von Dingen, die natürlicherweise eine blaue Farbe haben.

bla-ber	= Blaubeere
bla-djup	= blaue Tiefe = Meer
bla-eygdr	= blau-äugig
bla-eygr	= blau-äugig
bla-man	= blauer Fleck einer Prellung
blami	= blauer Fleck einer Prellung

3. blaue Menschen

Sowohl Leichen als auch Afrikaner bezeichnete man als „blau", d.h. nach dem heutigen Farbempfinden als „schwarz".

bla-madr	= Blauer = Schwarzer = Neger
bla-land	= Blauland = Äthiopien oder Jenseits (Ort der Blau-Menschen)
bla-lendigr	= Äthiopier oder Blau-Menschen (Tote)
bla-lenzkr	= äthiopisch oder aus Blauland (Jenseits) stammend
bla-kinn	= mit blauen Wangen (unrasiert?)
bla-leitr	= mit blauem (schwarzem) Gesicht (unrasiert oder Blau-Mensch)

4. künstliche blaue Dinge

Es gab auch Bezeichnungen für blau-gefärbte oder blau-gestrichene Dinge:

bla-fainn	= mit blauer Politur
bla-far	= mit blauer Politur
bla-kappa	= blauer Umhang
bla-feldr	= blauer Schaffell-Umhang
bla-kläddr	= blaugekleidet

5. sonstige Verwendungen von „blau"

Schließlich bleiben noch zwei mit dem Adjektiv „blau" gebildete Begriffe, die etwas über die mit dieser Farbe assoziierte Qualität aussagen.

bla-fastr	= blau-fest = unbeweglich
bla-tönn	= Blau-Zahn (Beiname)

Der Begriff „blau-fest" läßt sich am ehesten als „tot-fest" erklären, d.h. daß etwas so unbeweglich wie ein Toter war. Vielleicht war „blau" im Sinne von „tot" auch einfach eine Steigerungsform wie in dem deutschen Adjektiv „totsicher".

Der aus der „Saga über Thorstein Viking-Sohn" bekannte Beiname „Blauzahn" wird wohl ähnlich wie das „blau-fest" mit dem Tod assoziiert worden sein und dem Beinamen „Kampfzahn" des Königs Harald entsprechen. Mit beiden „Zähnen" werden wohl die Hauer eines Keilers gemeint sein. Derart martialische Namen finden sich auch hin und wieder auch bei anderen Königen und Wikingern wie z.B. bei König Erik Blutaxt.

I 11. Zusammenfassung

Bei den Nordgermanen war die blaue Kleidung und insbesondere der blaue Mantel ein Zeichen für Ansehen und Wohlstand.

Da auch Odin einen blauen Umhang trägt und in einem Fall auch ein Priester, könnte es sein, daß dieser blaue Umhang einst ein Symbol der Priester gewesen ist.

Es ist auch denkbar, daß dieser blaue Umhang auch ein Attribut des ehemaligen Göttervaters Tyr gewesen ist, da zum einen sein Nachfolger Odin einen solchen

Mantel trägt und in einem Fall auch eine der vielen Saga-Varianten der beiden Söhne des Tyr.

Die blaue Kleidung wurde vermutlich mit Färberwaid gefärbt.

Die Farbe „blau" hatte einen fließenden Übergang zu „schwarz". Als „blau-schwarz" war sie die Farbe der Leichen, des Todes, der Hel, und der Toten, die schließlich zu den im hohen Norden (Niflheim) im „Blau-Land" lebenden „Blau-Menschen" wurden. Von Hel leiten sich die blauen oder halbblauen Priesterinnen in den Sagas ab. Auch der (tote) Urriese Ymir wird „Blauer" genannt. Schließlich gab es sogar blaue oder halb-blaue Berserker.

Die Bezeichnung der Afrikaner als „blau" hat nichts mit den „Blau-Menschen" zu tun, sondern bezeichnet sie lediglich als „dunkel" bzw. „schwarz".

Die Assoziation von „blau" und „Tod" ermöglichte die Verwendung der Farbe „blau" zur Bildung von Superlativen: auf diese Weise wurde aus „fest" das Adjektiv „blau-fest", also „tot-fest". Ein ähnliches Beispiel ist der Beiname „Blau-Zahn" im Sinne von „Todes-Zahn".

Die blau-goldenen Segel und die blau-goldenen Schilde könnten die goldene Sonne am blauen Himmel dargestellt haben. Möglicherweise ist dies auch der Ursprung des vermuteten blauen Umhanges des ehemaligen Sonnengott-Göttervaters Tyr, der „wie die Sonne am Himmel" war. Der blaue Umhang wäre dann die logische Ergänzung zu der Abbildung der Sonne auf seiner Brust (siehe „Goldhörner von Gallehus" in Band 57).

II Die allgemeine Symbolik der Farbe „Blau"

Das germanische Adjektiv „blar" für „blau, blau-schwarz" stammt von dem indogermanischen „bhleuos" für „hell, gelb, blond, blau" ab. Die weitere Vorgeschichte dieses Wortes ist unbekannt und selbst das rekonstruierte „bhleu" ist unsicher, da dieses Wort eher als das Verb „bhleu" für „schwellen, anschwellen überfließen" bekannt ist.

Die drei Farben Blau, Grün und Grau sind bei den Indogermanen ursprünglich kaum unterschieden worden – zumindestens gibt es viele fließende Übergänge zwischen ihnen.

Diese späte genaue Differenzierung zwischen diesen Farben läßt sich auch in anderen Sprachen wie z.B. dem Altägyptischen beobachten. Im Gegensatz zu dem heutigen europäischen Sprachempfinden nannten die Ägypter z.B. das Meer „wadj-wer", d.h. das „Große Grüne".

E Grün

I Die Farbe Grün in der germanischen Überlieferung

Die Farbe Grün hat wie in jeder anderen Kultur auch als Hauptassoziation das Grün der Pflanzen.

I 1. Grüne Pflanzen

I 1. a) Groa

Der Name dieser Göttin bedeutet *„die Grüne"* oder *„die Grünende"* im Sinne von *„die Wachsende"* oder *„die Gedeihende"*. Sie ist ursprünglich offenbar eine Fruchtbarkeits- und Vegetationsgöttin gewesen.

I 1. b) Die ältere Version der Huldar-Saga

Das Adjektiv „grün" ist ein naheliegender Bestandteil von Ortsnamen. In dieser Sage findet sich der Ortsname *„Grönuvellir"*, d.h. *„Grüntal"*.

I 1. c) Grönland

Der Wikinger Erik der Rote hat nach eigener Aussage die eisige Insel, die er entdeckt hat, *„Grünland"* genannt, damit möglichst viele Siedler von dem Ettikenschwindel angelockt dorthin kommen …

I 1. d) Thulur

In den Thulur des Snorri Sturluson findet sich die Schwert-Heiti „*Grünender*". Diese Umschreibung beruht auf dem häufigen Vergleich der Schwerter mit (grünen) Lauchstangen.

I 1. e) Skaldskaparmal

Die üblen Nachkommen der Wölfin
verschlangen den Wächter des Blutes;
das gierige Grüne wurde rot,
als das Wunden-Entsprungene ihm nahe kam und sich mit ihm vermischte.

Nachkommen der Wölfin = Wölfe
Wächter des Blutes = Leib
gieriges Grünes = Meer
Wunden-Entsprungenes = Blut

I 2.   Grüne Kleidung

I 2. a)   Die Saga über Kampf-Glum

Es scheint so, als ob die Wikinger gerne grüne Umhänge getragen hätten. Dies könnte höchstens in Skandinavien und Dänemark, aber nicht in Island oder auf dem Meer eine Tarnfarbe gewesen sein.

Als er das Tal entlangblickte, sah er einen großen Mann in einem grünen Umhang herbeireiten.

I 2. b)   Die Geschichten über Norna-Gest

Er war in mit einem grünen Umhang und blauen Hosen bekleidet.

I 2. c) Die Saga über Thorstein Wiking-Sohn

Vor der Tür stand ein Mann, der Holz hackte. Er war mit einem grünen Umhang bekleidet und war erstaunlich beleibt.

I 2. d) Lachstal-Saga

Daneben saß ein Mann mit einem gelbgrünen Kittel.

I 3. Grüne Schilde

I 3. a) Hattatal

In diesen Versen des Snorri Sturluson, mit denen er die verschiedenen Gedichtarten veranschaulicht, erwähnt er einen *„grünen Schild"*. Dies ist jedoch der einzige grüne Schild, der überhaupt in der germanischen Überlieferung erwähnt wird.

Ebenso erscheint auch der einzige bekannte gelbe Schild im Hattatal – diese beiden Schilde werden daher wohl der dichterischen Freiheit des Snorri entsprungen sein.

I 4. Grüne Schiffe

I 4. a) Die Saga über Sörli den Starken

Auch Schiffe wurden manchmal z.T. grün bemalt. Da diese Farbe jedoch zusammen mit vielen anderen Farben erwähnt wird, wurde ihr wohl keine besondere Bedeutung beigemessen.

Am Morgen, als die Männer auf dem Schiff des Königssohnes erwachten, sahen sie sieben Schiff in der langen Meeresenge liegen. Eins von ihnen war ein solch prunkvolles und prächtiges Drachenschiff, daß niemand von jemals ein solches Schiff gesehen zu haben glaubte – weder an Größe noch an Ausschmückung.

Es war ganz mit Stahl bedeckt und oberhalb der Hoch-Wasserlinie mit Gold besetzt. Seine Planken waren mit großem Geschick geschnitzt und mit dem glänzendsten Gold verziert und in den Schnitzereien mit Silber eingelegt worden.

Es war mit allen Arten von Schattierungen von grün und weiß, von gelb und blau, von beige-braun und schwarz schön gefärbt und bemalt worden.

I 5. Zusammenfassung

> Die Farbe „Grün" wurde mit den Pflanzen assoziiert und möglicherweise auch als Tarnfarbe für Umhänge benutzt – für diese Verwendung zur Tarnung gibt es jedoch keinen direkten Hinweis.
>
> Die Göttin „Groa" ist nach der grünen Farbe der Pflanzen als „die Grüne" oder als „die Grünende" benannt worden.
>
> Das Meer wurde als „gieriges Grünes" (und nicht wie heute als „Blaues") bezeichnet.

II Die allgemeine Symbolik der Farbe „Grün

Das altnordische „grönn" für „grün" stammt von dem indogermanischen „ghre" für „hervorstehen, spitz sein" ab. Das indogermanische Adjektiv „ghre" für „grün" ist offenbar nach dem Gras benannt worden – „grün" ist die „Gras-Farbe". Außer „Gras" stammt im Deutschen auch noch das Substantiv „Granne" von dieser Wurzel ab.

Dieses Wort läßt sich leider nicht weiter zurückverfolgen.

Die Farbe „Grün" wird allgemein mit den Pflanzen assoziiert. In Bezug auf die Farbe „Grün" sollte man jedoch eher von einer Verallgemeinerung oder von einer Abstraktion als von einer Symbolik sprechen, da eben alle Pflanzen grün sind.

Nicht nur die Germanen, sondern auch die Ägypter nannten das Meer „grün" und nicht wie wir heute „blau". Es hieß bei ihnen „wadj-wer", d.h. das „große Grüne".

F Braun

I Die Farbe „Braun" in der germanischen Überlieferung

Es gibt nur sehr wenige Erwähnungen der Farbe „braun". Schon alleine daraus kann man schließen, daß diese Farbe bei den Germanen kaum eine Symbolik besessen haben kann.

I 1. Braune Kleidung

I 1. a) Die Saga über die Bewohner von Eyre

Möglicherweise war die braune Farbe des Kittels eine Tarnfarbe – sicher ist dies jedoch nicht.

Katla gab ihrem Sohn Odd einen erdbraunen Kittel, den sie neu angefertigt hatte.

I 1. b) Saga über König Sverri von Norwegen

Die braune Farbe der Kleidung des Königs könnte evtl. ein Zeichen seiner Bescheidenheit gewesen sein.

Die gesamte Kleidung des Königs Sverri war dunkelbraun.

I 2. Braune Drachen

I 2. a) Völsungen-Saga

Die braune Rückenfarbe des Drachens wird eine Tarnfarbe gewesen sein. Der rote Bauch des Drachen zeigt das Feuer, das in ihm schlummert.

Da ritt Sigurd fort. Viel-lagig war sein Schild und glänzend von rotem Gold. Auf ihm war das Bild eines Drachen zu sehen. Dieser war auf seiner Oberseite dunkelbraun und auf seiner Unterseite glühend rot. Mit demselben Bild waren auch sein Helm, sein Sattel und seine Brünne geschmückt.

I 3.   Braune Pferde

I 3. a)   Die Saga über Hrafnkell Freyr-Gode

Hrafnkell hatte in seinem Eigentum ein Kleinod, welches ihm besser als jedes andere schien. Dies war ein Hengst von brauner Farbe, mit einem schwarzen Streifen längs dem Rücken herunter, welchen er Freyfaxi nannte. Er gab denselben seinem Freund Freyr zur Hälfte.

Zu diesem Hengst hatte er so große Neigung, dass er das Gelübde tat, er wolle den Mann töten, welcher ohne seinen Willen auf ihm reiten würde.

I 4.   Braune Schiffe

I 4. a)   Saga über Sörli den Starken

Auch Schiffe wurden manchmal z.T. braun bemalt. Da diese Farbe jedoch zusammen mit vielen anderen Farben erwähnt wird, wurde ihr wohl keine besondere Bedeutung beigemessen.

Am Morgen, als die Männer auf dem Schiff des Königssohnes erwachten, sahen sie sieben Schiff in der langen Meeresenge liegen. Eins von ihnen war ein solch prunkvolles und prächtiges Drachenschiff, daß niemand von jemals ein solches Schiff gesehen zu haben glaubte – weder an Größe noch an Ausschmückung.

Es war ganz mit Stahl bedeckt und oberhalb der Hoch-Wasserlinie mit Gold besetzt. Seine Planken waren mit großem Geschick geschnitzt und mit dem glänzendsten Gold verziert und in den Schnitzereien mit Silber eingelegt worden.

Es war mit allen Arten von Schattierungen von grün und weiß, von gelb und blau, von beige-braun und schwarz schön gefärbt und bemalt worden.

I 5. „Braun" in Personennamen

Es gibt ein paar Männernamen, die mit dem Wort für die Farbe „braun" gebildet wurden und sich zum einen auf die Haarfarbe des Betreffenden bezogen und zum anderen auf die Farbe der Bronze, aus der man damals Waffen und Rüstungen herstellte.

Mit dem Wort für die Farbe „Braun" gebildete Personennamen	
Männername	*Bedeutung*
- Haarfarbe -	
Erp, Jarp	Dunkelbrauner
Iarpulf	Dunkelbrauer Wolf
- Bronze-Waffen -	
Brun, Bruni, Bruno	Gelbbrauner, Leuchtender = Bronzefarbener; Bronze = Brünne

I 6. Zusammenfassung

Die Farbe „Braun" könnte manchmal eine Tarnfarbe gewesen sein – das ist jedoch nicht sicher.
Ansonsten ist nur noch die Assoziation zu dem gelbbraunen Glanz der Bronze bekannt. Die Bronze steht jedoch dem „Golden" näher als dem „Braun".

II   Die allgemeine Symbolik der Farbe „Braun"

Das altnordische „brunn" für „braun" stammt von dem indogermanischen „bher" für „weiß, rötlich, braun, schimmernd, leuchtend, glänzend" ab. Die Bedeutung dieses indogermanische Adjektivs muß sich aber schon sehr früh auf „braun" verengt haben, da der Biber in den indogermanischen Sprachen als „Brauner" benannt worden ist. In den germanischen Sprachen ist auch der Bär als „Brauner" bezeichnet worden. Die Griechen hingegen nannten die Kröte „Braune" und die Mitanni in Mesopotamien gaben den Pferden die Bezeichnung „Braune".

Es läßt sich keine Symbolik der Farbe „Braun" bei den Indogermanen finden. Braun ist vermutlich einfach die Farbe der Erde, des Holzes, des vertrockneten Laubes, der meisten Felle und generell eines großen Teiles der Natur.

Die eurasiatische Wurzel des indogermanischen „bher" lautet „bora". Da fast alle Ableitungen von diesem Wort von Nordostafrika aus über Europa bis nach Ostasien hin „braun" bedeuten, ist „braun" offenbar eine ursprüngliche Farbbezeichnung des Homo sapiens gewesen.

G Blau-Schwarz

I Die Farbe „Blau-Schwarz" in der germanischen Überlieferung

Diese Farbe war die Farbe der Göttin-Riesin Hel. Sie wurde mit den Leichen assoziiert und prägte den Namen „Blain" („Blauer" = „Leiche") für den Urriesen Ymir, aus dessen zerstückelten Gliedern die Welt erschaffen worden ist.

I 1. Die Nacht

I 1. a) Gylfis Vision

Die Göttin „Nacht" ist schwarz … und ebenso die Rosse der Nacht …

Norwi oder Narfi hieß ein Riese, der in Jötunheim wohnte; er hatte eine Tochter, die hieß Nacht und war schwarz und dunkel wie ihr Geschlecht.
Sie ward einem Manne vermählt, der Naglfari hieß: der beiden Sohn war Aud.
Danach ward sie einem namens Onar vermählt; beider Tochter hieß Jörd.
Ihr letzter Gemahl war Delling, der vom Asengeschlecht war. Ihr Sohn Tag war schön und licht nach seiner väterlichen Herkunft.
Da nahm Allvater die Nacht und ihren Sohn Tag und gab ihnen zwei Rosse und zwei Wagen und setzte sie an den Himmel, daß sie damit alle zweimal zwölf Stunden um die Erde fahren sollten.
Die Nacht fährt voran mit dem Rosse, das Hrimfaxi (Ruß-Mähne) heißt, und jeden Morgen betaut es die Erde mit dem Schaum seines Gebisses.
Das Roß, womit Tag fährt, heißt Skinfaxi (Licht-Mähne) und seine Mähne erleuchtet Luft und Erde.

Dag („Tag") ist einst der Sonnengott-Göttervater Tyr als goldene Sonne am Tageshimmel gewesen und die Nacht Tyr in der Unterwelt als „Schwarzsonne". Die beiden Rosse vor seinem Wagen sind seine Söhne („Alcis").

I 1. b) Rappen

Die beiden Rosse der Nacht müssen natürlich ebenfalls schwarz sein – so wie die beiden Tag-Pferde weiß-golden sind.

Pferd (schwarz)	*Hrimfaxi („Ruß-Mähne" oder „Raureif-Mähne")*	eines der beiden Rosse vor dem Streitwagen der Nacht	Kalf	Kalfsvisa
Pferd (schwarz)	*Fjörsvartnir („Schwarz-Leben")*		Kalf	Kalfsvisa
Pferd (schwarz)	*Hrafn („Rabe")*	aus „Rabe" wurde im Deutschen „Rappe"	Thorgrimnir	(Skaldskapar-mal)
Pferd (schwarz)	*Blakkr („Schwarzer")*	Roß des Ali	Kalf	Kalfsvisa
		Roß des Thegn	Thorgrimnir	(Skaldskapar-mal)
		Björn	Kalf	Kalfsvisa
Pferd (schwarz)	*Ruß-Farbener*		Thorgrimnir	(Skaldskapar-mal)

I 1. c) Der Seherin Ausspruch

Auch die Sonne selber wird jede Nacht schwarz und am Morgen dann wieder golden.

Schwarz wird die Sonne, die Erde sinkt ins Meer,
Vom Himmel schwinden die heitern Sterne.
Glutwirbel umwühlen den allnährenden Weltenbaum,
Die heiße Lohe beleckt den Himmel.

I 2. d) Thorfinnsdrapa

Auch in dieser um 1065 n.Chr. von dem Skalden Arnor verfaßten höfischen Dichtung wird das Bild der Schwarzsonne aus den Tyr-Mythen verwendet:

Die helle Sonne wird schwarz werden,
die Erde wird im Meer versinken,
die Last des Austri wird zerbrechen,
das ganze Meer wird über die Berge branden,
bevor ein besserer Fürst als Thorfinnr
auf den Insel geboren werden wird,
Möge Gott ihm helfen,
diesem Wächter seines Gefolges!

Last des Zwerges Austri = Himmelskuppel (Ymirs Schädel)

I 1. e) Fiölswin-Lied

Auf dem Weltenbaum sitzt ein Hahn mit dem Namen „Wind-Weber", der entweder sowohl schwarz als auch golden oder vielleicht tagsüber golden und nachts schwarz ist – bei diesem Hahn handelt es sich um die „bäuerliche Variante" des Adler-Seelenvogels des Tyr auf dem Weltenbaum.

Windkald (Odin):
„Sage mir, Fiölswinn, was ich Dich fragen will
Und zu wissen wünsche:
Wie heißt der Hahn auf dem hohen Baum,
Der ganz von Golde glänzt?"

Fiölswinn (Sonne/Tyr):
„Windofnir heißt er, der im Winde leuchtet
Auf Mimameidis Zweigen.
Beschwerden schafft er, und schwerlich raubt
Den Schwarzen wer sich zur Speise."

I 2. Jenseitswesen

I 2. a) Gylfis Vision

Hels schwarze Seite ist ein Symbol des Todes.

Hel ist halb schwarz, halb menschenfarbig, also kenntlich genug durch grimmiges, furchtbares Aussehen.

I 2. b)   Die Saga über Hromund Greip-Sohn

In dieser Saga gibt es eine anschaulich-gruselige Schilderung eines Geistes in der Grabkammer eines Hügelgrabes:

Da sahen sie einen großen Geist, schwarz und riesig, ganz in Gold gekleidet und auf einem Thron sitzend. Er brüllte laut und spuckte Feuer.

I 2. c)   Die Saga über die Siedler von Eyre

Auch hier wird die Farbe Schwarz mit einem Geist und dem Tod assoziiert:

Nach dem Tod von Thorolf Hinkefuß fanden viele Leute, daß es deutlich übler geworden war, nach Sonnenuntergang noch draußen zu sein. Doch als der Sommer voranging, erkannten die Männer, daß Thorolf nicht in Ruhe lag und daß die Leute nach Sonnenuntergang niemals in Frieden waren.
Und es geschah sogar, daß die Stiere, die Thorolf früher ans Joch gespannt hatte, von Trollen besessen waren, und daß alles Vieh, das in die Nähe von Thorolfs Hügelgrab kam, verrückt wurde und zu schreien begann, bis es starb.
Die Hirten von Hvamm kamen oft heim, weil Thorolf sie verfolgt hatte. Und so geschah es in Hvamm, daß eines Tages weder Hirte noch Vieh heimkam. Am nächsten Morgen gingen die Männer sie suchen und fanden den Hirten tot in der Nähe von Thorolfs Hügelgrab – er war blauschwarz wie Kohle und jeder seiner Knochen war gebrochen. Da bestatteten sie ihn neben Thorolf. Von dem ganzen Vieh, das in dem Tal gewesen war, wurden einige tot gefunden, andere waren in die Berge geflüchtet und wurden nie wieder gefunden.
Wenn Vögel auf Thorolfs Hügelgrab nisteten, fielen sie tot um.
... ...
Doch am nächsten Morgen ließ er sich sein Pferd bringen und rief alle seine Freibauern zu sich und versammelt Männer von den nächsten Höfen ringsum. Dann zogen sie alle nach Hinke-Fuß-Hügel und kamen zu Thorolfs Hügelgrab. Dort innen fanden sie ihn noch immer unverwest und er war ein Ungeheuer, wie man nur eines sein konnte, schwarz-blau wie Hel und groß wie ein Rind, und als sie ihn zu aufzuheben versuchten, konnten sie ihn kein bißchen bewegen.

I 2. d)   Blau-Menschen

In den Sagas treten manchmal „Blaumenschen" auf, die meistens im hohen Norden leben. Sie sind „blauschwarze Totengeister", die in Sagas zu einer konkreten Diesseits-Rasse von Menschen geworden sind.

I 2. e)   Gylfis Vision

Die Finsternis ist auch ein Kennzeichen des Jenseitsweges:

Von Hermod aber ist zu sagen, daß er neun Nächte tiefe dunkle Täler ritt, so daß er nichts sah, bis er zum Giöllflusse kam und über die Giöllbrücke ritt, die mit glänzendem Gold belegt ist.

I 2. f)   Die Geschichte über Eirek den Fern-Fahrenden

Auch in den Sagas führt der Weg ins Jenseits („Paradies") noch immer durch die Dunkelheit, durch den Düsterwald („myrkvid") und über den Jenseitsfluß:

Und nachdem sie vierundvierzig Meilen durch die Landschaften Indiens gereist waren, kamen sie schließlich zu dunklen Gegenden, in denen sie am Tag die Sterne des Himmels so klar sehen konnten als ob es tiefe Nacht wäre. Überall in diesem Land lagen große Klumpen aus Gold. Sie sahen noch viele weitere Wunder in diesem Land.

Und nachdem sie eine lange Zeit durch dichte Wälder gewandert waren, deren Bäume unvorstellbar hoch waren, kamen sie schließlich wieder aus dem Wald heraus. Da wurde es wieder strahlend hell und sie sahen vor sich einen großen Fluß. Über ihn führte eine steinerne Brücke hinüber. Am anderen Ufer sahen sie ein wunderschönes Land mit hohen Blumen und Honig im Überfluß, und von dort drüben wehte ein süßer Duft zu ihnen herüber. Diese Landschaft war angenehm zu betrachten. Sie sahen weder Hügel noch Anhöhen noch Berge in diesem Land.

Eirek erkannte, daß dies das Land sein mußte, von dem der König der Griechen gesprochen hatte. Es wurde ihm langsam deutlich, daß dies der Fluß Phison sein mußte, der aus dem Paradies herausfloß.

Die vollständige Geschichte findet sich in dem Band 41 über die Drachen.

I 2. g) Gesta Danorum

Die archaische Symbolik der Jenseits-Finsternis war sehr beharrlich. Auf der Reise zu Utgardloki (Tyr) im Jenseits fährt auch Thorkills Schiff durch eine große Dunkelheit:

In diesem Schiff segelten sie fort und kamen zu einem sonnenlosen Land, das die Sterne nicht kannte und leer von Tageslicht war und sie mit einer endlosen Nacht zu überschatten schien.

I 2. h) Edda-Gylfaginning

Die Jenseitswesen sind generell schwarz – bei den Schwarzalfen ist diese Farbe sogar ein Teil ihres Namens.

Da sprach Gangleri: „Große Dinge weißt Du vom Himmel zu berichten; aber was für andere Hauptgebäude gibt es noch außer dem an Urds Brunnen?"
Har antwortete: „Da sind noch manche merkwürdige Stätten. So ist eine Wohnung, die Alfheim heißt. Da haust das Volk, das man Lichtalfen nennt: aber die Schwarzalfen wohnen unten in der Erde, und sind jenen ungleich von Angesicht, und noch viel ungleicher in ihren Verrichtungen. Die Lichtalfen sind schöner als die Sonne von Angesicht; aber die Schwarzalfen schwärzer als Pech."

I 2. i) Gylfis Vision

Da schickte Allvater den Jüngling Skirnir, der Freys Diener war, zu einigen Zwergen in Schwarzalfenheim, und ließ das Band Gleipnir verfertigen.

I 2. j) Odins Rabenzauber

Am nördlichen Rand der Jörmungrund
Unter des edlen Baumes äußerster Wurzel
Gingen zu ihren Lagern Riesinnen und Riesen.
Totengeister, Zwerge und Schwarzalfen.

Der *„edle Baum"* ist die Weltesche Yggdrasil, die am Nordpol stand. Wenn die Sonne aufgeht, gehen die Wesen der Unterwelt schlafen: Riesinnen, Riesen, Totengeister, Zwerge (Tote) und Schwarzalfen (Tote).

I 2. k) Skaldskaparmal

Der Zwerg Andvari (Tyr) in Scharzalfenheim ist der ehemalige Göttervater Tyr in der Unterwelt.

Da sandte Odin Loki in das Land der Schwarzalfen und dort kam er zu dem Zwerg, der Andvari genannt wird und der ein Fisch im Wasser war.

I 2. l) Die Saga über Thorstein Viking-Sohn

Der Name des Kol bedeutet „Kohle", d.h. „Blauschwarzer". Auch „Blauzahn" ist eigentlich ein „blauschwarzer Zahn", d.h. ein Todeszahn. Beide werden durch ihre Farbe als Jenseitswesen gekennzeichnet. Ursprünglich ist „Kohle" der alte Tyr und sein Sohn Blauzahn der junge Tyr gewesen.

In dieser Saga schlägt ein Held seinem Feind mit einer Keule dessen magisches Schwert aus der Hand. Auch diese Szene wird daher eine Sagen-Variante des Kampf zwischen Tyr und Loki sein.

Und Vifil sagte, als er sah, daß es Viking ernst damit war, daß er gegen Harek kämpfen wollte: „Ich kann Dir noch mehr über die Söhne des Kol berichten. Vesete und ich waren einst Wächter des Landes des Königs Haloge. Während der Sommermonate strebten wir an, Krieg zu führen. Da trafen wir einst im Grenings-Sund auf Björn Blauzahn und wir kämpften in solcher Weise mit ihm, daß Vesete Björns Hand mit seiner Keule zerschmetterte, sodaß sein Schwert aus seiner Hand fiel. Ich ergriff das Schwert und stieß es durch ihn – so verlor er sein Leben. Seit jener Zeit habe ich dies Schwert getragen und nun gebe ich es Dir, mein Sohn."

I 2. m) Skirnir-Lied

Der Name des Riesen „Hrimgrimnir" bedeutet „Schwarz-Maskenhelm", also „Jenseits-Maskenhelm". Er ist recht sicher Tyr mit seinem Sonnen-Goldhelm – in der Unterwelt wird alles Goldene an Tyr schwarz.
In den folgenden Versen droht Skirnir der Gerdr:

„Hrimgrimnir heißt der Riese, der Dich haben soll
Hinterm Totentor."

I 2. n) Thrym-Lied

Die schwarzen Rinder in den folgenden Versen gehören dem Tyr-Riesen Thrym und sind somit in der Unterwelt. Ihre goldenen Hörner sprechen zudem für eine Assoziation mit der Sonne. Der Stier ist zudem das Opfertier des Tyr gewesen – und auch der Tyr-Riese Hymir besitzt einen besonderen Stier, dessen Hörner „am Himmel kratzen".

Heimkehren mit goldnen Hörnern die Kühe,
Rabenschwarze Rinder, dem Riesen zur Lust.
Viel schau ich der Schätze, des Schmuckes viel:
Fehlte nur Freyja zur Frau mir noch.

I 2. o) Die Geschichte über Thirandi und Thorhall

In dieser Geschichte wird berichtet, wie Thirandi, der achtzehnjährige Sohn des Hall von Sida, die Warnungen Thorhalls des Sehers, der der Freund seines Vaters ist, mißachtet, daß in der Julnacht der dem Tod geweiht ist und daß demjenigen Schreckliches geschehen wird, der in dieser Nacht hinausgeht.
Thirandi öffnete jedoch beim dritten Klopfen die Türe, weil er es nicht für ehrenhaft hält, Gäste draußen stehen zu lassen. Da sieht er neun schwarzgekleidete Frauen mit gezogenen Schwertern auf schwarzen Pferden von Norden her und neun weiße Frauen von Süden auf weißen Pferden auf den Hof reiten. Er wird von den schwarzgekleideten Frauen getötet.
Thorhall erklärt Hall, daß dies die Fylgjas seiner Familie oder die Disen seien und daß die schwarzgekleideten wütend über den Wandel des Glaubens in Island seien, während die weißen Thirandi zwar helfen wollten, aber nicht dazu in der Lage waren.

I 3. Die Farbe des Todes

I 3. a)　Germania

In seiner Beschreibung der Germanen sagte Tacitus um 100 n.Chr. einiges über die Bedeutung der Farbe Schwarz bei den Germanen:

Die Harier sind außer in den Fähigkeiten, in denen sie den eben genannten Völkern überlegen sind, von finsterem Wesen. Sie steigern die ihnen innewohnende Wildheit noch durch ihre Werke und die von ihnen ausgewählten Zeiten: schwarze Schilde, schwarz gefärbte Leiber; für die Schlachten wählen sie dunkle Nächte. Sie flößen und schon durch die Schauerlichkeit und das Schattenwesen ihres Heeres, das aus dem Totenreich zu kommen scheint, allen einen solchen Schrecken ein, daß keiner der Feinde den schauerlichen und gleichsam höllischen Anblick ertragen kann – denn in allen Schlachten werden zuerst die Augen besiegt.

I 3. b)　Die Saga über Thorsteinn Hausmacht

Geirröd frug Godmund, ob er ringen wolle.
„Ich habe," antwortete er, „bisher noch nie gerungen, aber ich werde das Angebot nicht ausschlagen."
Der König gebot Jarl Agdi, seine Männer zu rächen.
Dieser antwortete, daß es eine lange Zeit her sei, daß er gerungen habe, aber daß er sich dem Gebot des Königs nicht widersetzen werde.
Da entkleideten sie sich. Thorsteinn fand, daß er noch nie einen solchen Trollartigen Körper wie bei Agdi gesehen hatte. Er war Tod-blau. Godmund trat gegen ihn an. Seine Haut war weiß.

Die Hautfarben der beiden Kämpfer kennzeichnen Agdi als ein Geschöpf des Jenseits und Godmund als ein Wesen aus dem Diesseits.

I 3. c)　Jomsvikinga-Saga

Auch in dieser Saga ist „schwarz" die Farbe des Todes. Die vollständige Geschichte über diesen Traum findet sich in dem Abschnitt „I 3. b)" in dem Kapitel über die Farbe „Rot".

Im dritten Traum sah der König wiederum drei Ochsen aus dem Meer steigen. Sie waren vollkommen schwarz, sehr groß und hatten gewaltige Hörner. Sie fraßen wiederum das Gras vom Land und gingen dann wieder ins Meer.
... ...
„Daß die drei schwarzen Ochsen herausstiegen, bedeutet, daß drei weitere Jahre kommen, die so schlimm werden, daß sich keiner an solche erinnern können wird. Es wird eine so große Hungersnot auftreten, daß es kaum Beispiele dafür geben wird, daß so etwas zuvor geschehen ist."

I 3. d) Wortschatz

„Hel" war geradezu gleichbedeutend mit „schwarz": ...

heljar-skinn = „Hel-häutig" = dunkelhäutig
hel-blar = „Hel-blau" = schwarz wie der Tod

I 4. Neumond

I 4. a) Das dritte Lied über Sigurd Fafnir-Töter

Die Nacht und vor allem die vollkommen finstere Neumondnacht ist die Zeit des Todes – und auch der Mordpläne ...

Einen Erben hab ich, allzujungen
Fern zu fliehn aus der Feinde Haus.
Die Helden haben unheimlichen, schwarzen
Neumondsrat nächtlich erdacht.

I 5. Übel

Die Symbolik des Todes und des Jenseits der Farbe „Schwarz" wurde auf jegliches „Übel" erweitert.

I 5. a)   Die Geschichte über Gunnlaug Schlangenzunge

Gunnlaug sah ihn an und sprach:
Hier im Gefolge ist so ein Wicht,
Gutes vollbringet er sicherlich nicht!
Traut ihm mit großer Vorsicht nur,
Schlecht und schwarz ist er von Natur!

I 5. b)   Die Saga über die Siedler von Eyre

Hier kündet eine schwarze Wolke von Unheil.

Die Arbeit ging den ganzen Tag über gut voran, aber als er gut drei Stunden nach Mittag war, kam eine einzelne schwarze Wolke am Himmel von Norden her bis über Skor. Sie trieb schnell über den Himmel dahin – genau auf den Hof zu.
Die Leute glaubten, daß sie Regen in der Wolke sehen konnten, und Thorod befahl den Männern, das Heu zusammenzurechen. Doch Thorgunna häufte ihr Heu zu Garben zusammen und rechte es nicht zusammen, obwohl ihr dies befohlen worden war.
Die einzelne Wolke kam schnell näher und als sie über dem Hof am Frodis-Wasser stand, wurde es so dunkel, daß die Leute nicht mehr den Feldrand und kaum noch ihre Hände vor ihren Augen sehen konnten.
Da fiel ein so heftiger Regen aus der Wolke, daß das ganze Heu, das ausgebreitet dalag, naß wurde; doch Wolke zog schnell weiter und das Wetter klarte wieder auf.
Die Leute sagten, daß es in diesem Schauer Blut geregnet hatte.
Doch am Abend gab es wieder gutes Wetter zum Trocknen und das Blut auf dem Heu trocknete – außer auf dem Heu, das Thorgunna ausgebreitet hatte; dies trocknete nicht und auch nicht der Rechen, den sie benutzt hatte.
Thurid frug Thorgunna, was sie glaubte, was dieses Wunder zu bedeuten habe.
Sie sagte, daß sie es nicht wüßte, „aber es scheint mir am wahrscheinlichsten," sagte sie, „daß es das Schicksal von einem von denen, die hier sind, sein wird."

I 5. c)   Die Saga über Halfdan Brana-Ziehsohn

Brana zu Halfdan:
„Wenn Dir ein Feind nah ist und Du diesen Ring hast, dann kannst Du den Tag erkenne, den er für Deinen Tod ausgewählt hat. Wenn er Dich mit Waffen töten will,

dann wird der Ring rot wie Blut sein, aber wenn er Dich mit Gift betrügen will, dann wird er schwarz wie Pech werden."

I 5. d)   Der hörnerne Siegfried

Auch extreme Erschöpfung kann zu schwarzer Hautfarbe führen:

Siegfried schlug mit Grimme   /   den Wurm wohl auf das Horn.
Er mocht nicht länger bleiben,   /   den Wurm zu schlagen vorn:
Er schlug ihn an der Seite   /   wohl auf ein hörnern Dach;
Dennoch mußt er leiden   /   vom Wurm groß Ungemach.
Er schlug das Horn so lange   /   mit seinem Schwerte gut;
Auch war des Drachen Hitze,   /   als wär geschürt die Glut
Mit einem Fuder Kohlen,   /   das plötzlich stünd in Brand:
Das Horn erweichte völlig   /   und kam herab gerannt.
Er hieb ihn voneinander   /   wohl in der Mitt' entzwei:
Da fiel er von dem Steine   /   in Stücke mancherlei;
Dann stieß er mit den Füßen   /   das andre hinterdrein.
Wie schnell zu Siegfried eilte   /   das edle Mägdelein!
Er fiel vor großer Hitze   /   und wußt nicht wo er war:
Vor Müdigkeit und Ohnmacht   /   war er des Sinns so bar,
Daß er nicht sah noch hörte,   /   kannt niemand auch zur Stund;
Sein Farb war ihm entwichen,   /   kohlschwarz war ihm der Mund.

I 5. e)   Die Saga über Grettir den Starken

Grettir sagte, daß ihn sein Bein schmerze und daß er glaube, daß sich sein Aussehen verändert haben müsse. Sie holten ein Licht, banden die Wunde auf und sahen, daß sie angeschwollen und blauschwarz wie Kohlen war.

I 5. f)   Die Gauti-Saga

Selbst in dieser Groteske ist schwarz noch immer die Farbe des Unheils:

Fjölmod paßte tagsüber auf sein Eigentum auf und nahm seine Goldbarren überall mit hin. Eines Tages schlief er ein und wachte in dem Moment auf, als zwei schwarze Schnecken auf seine Goldbarren gekrochen waren. Sie schienen ihm Gruben hinterlassen zu haben, da wo das Gold dunkler geworden war, und es schien ihm sehr viel weniger geworden zu sein.

Er sprach: „Dieser Eigentumsverlust wird große Folgen haben. Wenn so etwas öfter geschieht, wird es schlimm werden, arm zu Odin zu kommen."

I 6. Kleidung

I 6. a) Lachstal-Saga

Neben ihm saß ein junger Mann; er trug ein blaues Hemd und schwarze Hosen und er hatte seinen Kittel in sie gesteckt.

I 6. b) Die Saga über Grettir den Starken

Einer, der Spiel und Wettkampf liebt und der heute in einen schwarzen Umhang gekleidet ist.

I 6. c) Die Saga über die Siedler von Eyre

Snorri war in einen schwarzen Umhang gekleidet und ritt auf einer schwarzen Stute, einer guten.

I 6. d) Nials-Saga

Zumindestens manchmal wurde schwarze Kleidung mit den Riesen und somit mit dem Jenseits assoziiert:

Skapte hatte unterdessen seine Augen fortwährend auf Skarphedin gerichtet, wie er dastand im blauen Gewand, blaugestreiften Beinkleidern, schwarze Schuhe mit hohen Absätzen an den Füßen und einen silbernen Gürtel um die Hüften gegürtet; in der Hand hielt er seine Axt Rimegyge, an dem Arm hatte er einen leichten Schild, um den Kopf trug er eine seidene Binde und hatte das Haar hinter die Ohren zurückgestrichen; er sah sehr kampffertig aus, so daß er allen auffallen mußte.

„Was ist das für ein Mann," frug Skapte, „der fünfte in Eurer Reihe, der große, bleiche, finstere Mann, der einem Jötun gleicht und das Unglück zum Begleiter zu haben scheint?"

I 6. e) Die Geschichte über Norna-Gest

Auch hier ist Schwarz die Farbe der Riesen:

Da sagte Norna-Gest: „Als man Brünhild auf dem Weg zu ihrem Bestattungs-Scheiterhaufen auf dem Weg zur Hel getragen wurde, kamen sie in die Nähe einiger Klippen. Dort lebte eine Riesin. Sie stand vor der Türe ihrer Höhle und war mit einem schwarzen Kittel gekleidet."

I 6. f) Die Saga über Viglud den Blonden

Der Beiname „der Schwarze" bezieht sich auf die Haarfarbe – ähnlich den Männernamen „Schwarzkopf", „Schwarzlocke" und „Schwarzbart".

Harald Schönhaar, der Sohn von Halfdan dem Schwarzen, war in den Tagen dieser Geschichte der König über ganz Norwegen.

I 6. g) Völsungensaga

Auch König Atli war schwarzhaarig:

Atli war ein großer und schwarzer Mann, kriegerisch und grimmig anzuschauen, doch mit edlem Antlitz und er war der größte aller Krieger.

I 6. h) Gudruns Aufreizung

Dort wurde Swanhild, Sigurds Tochter, erzogen und Jörmunrek dem Reichen zur Ehe gegeben. Bei dem war Bicki: der gab den Rat, daß Randwer, des Königs Sohn, sie zur Ehe nähme. Das verriet Bicki dem König. Da ließ der König Randwern henken und Swanhilden von Pferden zertreten.

Der Name „Randwer" des Sohnes des Königs Jörmunrek bedeutet „Schildkämpfer".
Der Name „Bicki" des Beraters des Königs Jörmunrek bedeutet „Teer", vermutlich im Sinne von „Schwarzhaariger" oder „Dunkelhäutiger".

I 6. i) Nials-Saga

„Skarphedin heiße ich, und Du hast mich oft auf dem Thing gesehen. Aber ich bin soviel klüger als Du, daß ich nicht nach Deinem Namen zu fragen brauche. Du heißest Skapte Thorodsohn. Früher aber nanntest Du Dich Börstekuld, damals als Du Ketil von Elda getötet hattest. Da strichst Du Dich selbst schwarz an und salbtest Dein Haupt mit Teer ein, ferner verbargst Du Dich in einem Erdloch und als Du das Land räumen wolltest, ließest Du Dich in einem Mehlsack an Bord tragen."

Hier ist die schwarze Farbe eine Tarnung.

I 7. Opfertiere

I 7. a) Jakob Grimm: Deutsche Mythologie

Nächst dem geschlecht war gewis auch an der farbe des thiers gelegen, und unter allen die weiße die günstigste. Von weißen rossen ist vielfach die rede, schon bei den Persern. auch der opferfrischling war vermutlich fleckenlos weiß; noch in spätern rechtsdenkmälern ist unverletzbarkeit schneeweißer ferkel ausgesprochen.
Die Votjaken opferten einen rothen, die Tscheremissen einen weißen hengst.
Da bei alten viehbußen und zehnten des deutschen rechts oft fahle oder bunte farbe begehrt wurde, so könnte darin zusammenhang mit den opfern statt finden; auch zur zauberei waren thiere bestimmter färbung erforderlich.

Der wassergeist heischte ein schwarzes lamm und den huldren wird ein schwarzes lamm, eine schwarze katze gebracht. Saxo sagt: rem divinam facere furvis hostiis; heißt das schwarzes vieh opfern?

Man kann sich denken, daß das vieh zum opfer bekränzt und geschmückt wurde. goldhörnige kühe verlangt eine stelle der edda und im mansfeldischen dorfe Fienstädt war ein kohlschwarzes rind mit weißer bläße und weißen füßen und ein ziegenbock mit vergoldeten hörnern zur entrichtung auferlegt.

I 8. Personennamen

mit „schwarz" gebildete Personennamen – 1. Haarfarbe u.ä.		
Namen		*Bedeutung*
Männer	*Frauen*	
Surtur		Schwarzer
Svart, Svarti		Schwarzer
Svartungr, Swerting, Sverting		Mann aus der Sippe des Schwarzen
Blängur		Mann aus der Sippe des Blauschwarzen („Rabe")
Kulsväinn		Kohlen/Schwarzer-Junge
	Koltherna	Kohlen/Schwarze-Jungfrau
Svarthöfdi		Schwarz-Kopf (= „Schwarzhaar")
Kolskeggr		Kohlen-Bart, Schwarzbart
Blakari		Schwarz-Locke
Kolbrun		Kohlen-Braue, Schwarzbraue
Die Farbe „schwarz" wurde manchmal mit „Kohlen(-farben)" umschrieben.		

mit „schwarz" gebildete Personennamen – 2. Körperteile u.ä.		
Namen		*Bedeutung*
Männer	*Frauen*	
Kolbakr		Kohlen-Rücken
Kolmundur		Kohlen-Hand (neuer Name?)
Blatonn		Blau/Schwarz-Zahn
Kolbein, Kulbäinn, Colbanus		Schwarz-Knochen
Die Bedeutung der „schwarzen" Körperteile ist nicht ganz ersichtlich – warum werden sie als „schwarz" bezeichnet?		

mit „schwarz" gebildete Personennamen – 3. Waffen u.ä.	
Männernamen	*Bedeutung*
Svartabrandr	Schwarz-Brand/Flamme/Schwert
Kolbrandr	Kohlen-Brand/Feuer/Schwert
Svartger, Sverkel, Svärke, Svärkirr	Schwarz-Speer
Kolgrim	Kohlen-Maskenhelm
Die schwarzen Waffen sollten möglicherweise durch ihre Farbe mit dem Jenseits assoziiert werden, d.h. als tödlich erscheinen. Es wäre auch denkbar, daß sie als die Waffen des ehemaligen Göttervaters Tyr im Jenseits angesehen worden sind, aber darauf gibt es keinen direkten Hinweis.	

mit „schwarz" gebildete Personennamen – 4. Kult u.ä.

Namen		Bedeutung
Männer	*Frauen*	
	Kolfreyja	Kohlen-Freya (neuer Name?)
Kolstein		Kohlen-(Opfer)Stein
Svartkätill, Svärkiol, Syrkäll, Sörkäll		Schwarz-Kessel
	Svalaug	Schwan/Schwarz-Priesterin
Kolfinn, Kulfinnr		Kohlen-Wanderer (Sonne/Tyr im Jenseits?)
Kolbjörn		Kohlen-Bär (Berserker?)

Diese Namen stehen vermutlich mit dem Kult in Zusammenhang. Am interessantesten ist dabei der Frauennamen „Kolfreya". Ist dies Freya als Jenseitsgöttin, also als die Riesin Menja und als die Wiederzeugs-Geliebte der Toten, aus der in den Mythen dann Freya als die Geliebte der vier Zwerge wurde, die ihr den Halsreif Brisingamen schmiedeten? Leider ist unbekannt, ob dieser Name alt oder eine relativ junge Neuschöpfung ist.

I 9. Kenningar

Schild	*Glänzend-Dunkelfarbiger*	blau/schwarz bemalt	Snorri Sturluson	Thulur
Geist	*schwarz-Atem*	schwarz = betrügerisch, tödlich; Atem = Geist	-	Köbler: Wörterbuch

I 10. Symbolik-freies Schwarz

I 10. a) Hattatal

Manchmal ist mit „schwarz" einfach ohne jede mythologische Assoziation

„schwarz" gemeint – wie hier die schwarzgeteerten Schiffsrümpfe.

Der Herrscher schmückte
das dunkle Rentier
des Landes des Rökkvi
mit weißen Schilden.
Der Ring-Werfer
verziert die geglättenen Stämme
der schwarzen
Bug-Hirsche.

    Rentier des Landes = Schiff
    Ring-Werfer = Fürst (er verschenkt Gold-Armreifen)
    Bug-Hirsch = Schiff

I 10. b)   Die Saga über Thorstein Viking-Sohn

Als sie die Landzunge überquert hatten, sahen sie zwölf Schiffe, die mit schwarzen Planen bedeckt waren.

Diese schwarzen Planen sind vermutlich geteert gewesen um sie wasserdicht zu machen.

I 10. c)   Die Saga über Thorstein Viking-Sohn

Da sahen sie zwölf Schiffe, alle von sehr großen Ausmaßen und von schwarzen Zelten bedeckt.

I 10. d)   Die Saga über Thorstein Viking-Sohn

Da sahen sie achtzehn Schiffe, alle von großen Ausmaßen und von schwarzen Zelten bedeckt.

I 10. e)   Nials-Saga

Daraufhin beschloß Gunnar die Reise und nahm seinen Bruder Kulskjäg (Schwarzbart) mit, einen großen starken Mann, brav, mutig und unerschrocken.

I 10. f)   Die Geschichte über Gunnlaug Schlangenzunge

Auch die schwarzen Augen des Adlers in dem folgenden Traum sind wohl einfach nur schwarze Augen.

Da sprach Thorstein: „Mir träumte, ich wäre zu Hause in Borg und stünde außen vor der Haupttür; da sah ich an dem Hause hinauf und sah oben an der Dachkante einen schönen Schwan sitzen, der mir gehörte und mir außerordentlich wohlgefiel.
Da sah ich oben von den Bergen her einen großen Adler fliegen; er flog hinzu und setzte sich neben den Schwan und zwitscherte zärtlich mit ihm, und jener schien das ganz gut aufzunehmen. Der Adler war schwarzäugig und hatte eiserne Klauen an sich und schien mir ein tüchtiges Tier zu sein."

I 10. g)   Die Geschichte über Gunnlaug Schlangenzunge

Sicherlich sehe ich sie, versetzte Gunnlaug und sprach folgende Weise:

„Diese gewaltige Frau wurde zum Streite geboren
für die Söhne der Menschen;
der Kampfbaum war daran schuld;
ich war begierig danach, den Baum des
Reichtums zu besitzen; nun hat es gar wenig
Zweck mehr für mich, anzuschauen die schwarzen
Augen der mit den Ringen des Landes sich
schmückenden, schwanenweißen Frau!"

Kampfbaum = Krieger
Baum des Reichtums = geschmückte Frau

I 11. Zusammenfassung

Schwarz ist die Farbe der Nacht und des Jenseits und die Farbe allen Übels:
  Hel ist halb hautfarben und halb schwarz;
  Tote und Geister sind schwarz;
  die Alfen unter der Erde (Zwerge) sind Schwarzalfen;
  die Blaumenschen (Tote) sind blauschwarz;
  die neun Tod-bringenden Walküren sind schwarzgekleidet und reiten auf
    schwarzen Rossen …

Im Jenseits wird der ehemalige Sonnengott-Göttervater Tyr zu dem Schwarzalfen Andvari,
  die Sonne wird dort zur Schwarzsonne,
  aus dem Himmelswanderer wird des nachts in der Unterwelt der Schwarzwanderer,
  Tyrs Goldhelm wird nachts zu einem Schwarz-Helm,
  sein Sonnenschwert wird zum Schwarzschwert,
  sein Speer zum Schwarzspeer,
  sein tags goldener Seelenvogel (aus dem Adler wurde ein Hahn) ist nachts im Jenseits schwarz,
  Tyrs zwei weiß-goldene Tagesrosse werden des Nachts zu zwei Rappen (Rosse der Nacht-Göttin = Hel)
  und seine Opferstiere werden in der Unterwelt schwarz – aber sie behalten ihre goldenen Hörnern.
  Tyr ist am Abend bzw. im Herbst der „Schwarze" („Kol") und am Morgen „Björn Blauschwarz-Zahn".
  Und Freya ist als Jenseitsgöttin die Schwarz-Freya.

Nicht nur das Jenseits selber, auch der Weg dorthin liegt in tiefer Dunkelheit …
  Alles Schwarze bringt Unheil, Gift macht schwarz und ebenso extreme Erschöpfung, die finstere Neumondnacht ist die Zeit der Mordpläne, schwarz ist schlecht …
  Schwarz erscheint bisweilen jedoch auch neutral als schwarze Augen, schwarzes Haar und als ein schwarzer Bart, als geteerte Schiffsrümpfe, geteerte Planen und als Kleidungsfarbe – wobei aber auch Riesen und Riesinnen bisweilen Kleidung in dieser Jenseitsfarbe tragen.
  Daher malten sich die Krieger einiger Germanen-Stämme zumindestens zu Tacitus' Zeiten, also um 100 n.Chr., schwarz an, benutzten schwarze Schilde und griffen des Nachts an – ein „Jenseitsheer" nach Tacitus Worten.
  Unter den späteren Wikingern wurde es jedoch vermieden, des nachts zu töten, selbst bei gefangenen Feinden wartete man bis zu Sonnenaufgang.

II Die allgemeine Symbolik der Farbe „Schwarz"

Das altnordische „blar" für „blau, dunkel, schwarz" geht auf das indogermanische „bhel" für „schimmern, leuchten, glänzen" zurück. Vermutlich hat dieses Wort einst den Himmel bezeichnet, der des Tags blau und des Nachts dunkel ist.

Das altnordische Adjektiv „svartr" für „schwarz" stammt von dem indogermanischen „suordos" für „schwarz, schmutzig" ab.

Bei den Griechen wird der Erde ein schwarzes Lamm und dem Himmel ein weißes Lamm geopfert (Illias 3, 103-104).

In Indien ist die Göttin Kali, die der germanischen Hel entspricht, blau-schwarz. Auch Krishna („Schwarzer") hat eine blaue Hautfarbe, auch wenn sich in seinen Mythen kein deutlicher Jenseitsbezug finden läßt.

Schwarz ist die Farbe der Dunkelheit, des Jenseits, der Erde und des Schmutzes.

H Weiß

I Die Farbe „Weiß" in der germanischen Überlieferung

Diese Farbe scheint die Reinheit und Heiligkeit verkörpert zu haben. Das Wort „weiß" bedeutet manchmal auch hell oder glänzend sowie bisweilen auch golden oder metallisch-glänzend.

I 1.   Das nordgermanische Wort für „weiß"

In der altnordischen Sprache gibt es mehrere Worte für die Farbe Weiß. Das allgemeine Wort für „weiß" war „hvitr". Dieses Wort geht über germanisch „hwita" für „weiß, licht" auf das indogermanische „kweit" für „leuchten, hell, weiß" zurück.

Ein zweites Wort für „weiß", das möglicherweise jedoch nicht mehr bewußt als solches empfunden worden ist, ist „alfr" für „Alb, Alf, Elf". Diese „Weißen" oder „Leuchtenden" sind die Totengeister – die milchigweißen und schwach leuchtenden Schemen, als die diese Geister in fast allen Kulturen geschildert werden, weil dies die Art ist, in der man sie hellsichtig wahrnehmen kann. Dieses „alfr" geht auf das germanische „albaz" für „Alb, Elfe" zurück, ist u.a. mit dem lateinischen „albus" für „weiß" verwandt und geht auf das indogermanische „albhos" für „weiß" zurück. Dieses Adjektiv ist wiederum eine Bildung zu der indogermanischen Vorsilbe „alou-" für „weiß, glänzend".

Das dritte Wort für „weiß", bei dem ebenfalls nicht sicher ist, ob es noch in diesem Sinne verstanden worden ist, ist die Bezeichnung „ölpt" für „Schwan". Die germanische Wurzel dieses Wortes ist „albat" und bedeutet ebenfalls „Schwan". Hier ist die Ähnlichkeit mit dem lateinischen „albus" für „weiß" kaum zu übersehen. Der Name des Schwans geht wie der Name für die Totengeister auf das indogermanische Adjektiv „albhos" für „weiß" zurück.

Interessanterweise sind die Schwäne (und die weißen Gänse) sowohl bei den Germanen als auch allgemein bei den Indogermanen das beliebteste Bild für den Seelenvogel. Der sprachliche Zusammenhang zwischen Alf" für „Totengeist" und „ölpt" für „Schwan" im Altnordischen und im Germanischen ist somit recht wahrscheinlich auch ein inhaltlicher Zusammenhang.

In vielen Wortbildungen ist „weiß" einfach nur die Farbe weiß:

hvitr	- weiß
hvit-leikr	- Weißlichkeit (weiß sein)
hvitna	- weiß werden, weißen (tünchen)
hvitingr	- Weißer (Felsen, Pferd, Fisch u.ä.)
hvit-röndottr	- weißgestreift
svan-hvit	- Schwanen-weiß
hviti	- weißlich = hellhäutig
hvit-armr	- weißarmig (Frauen)
hvit-beinn	- Weiß-Bein
hvit-harr	- weißhaarig
hvit-haddadr	- weißhaarig oder blond
hvit-skeggjadr	- weißbärtig
hvitbrun	- mit weißen Augenbrauen
hvit-klädr	- weißgekleidet
hvit-vadungr	- Weißgekleideter
hvita-vadir	- weißes Taufgewand
hvitill	- weiße, wollene Bettdecke
hvita-björn	- Weiß-Bär = Eisbär
hvit-skinn	- weißhäutig; Hermelin
hvitingr	- Weißer (Wal-Art)
hvit-fjadradr	- weißgefiedert (mit weißem Gefieder)
hvit-fjösa	- mit weißer Gischt

In manchen Zusammensetzungen hat „weiß" jedoch auch die Bedeutung „heilig":

hvita-dagr	- weißer Tag = Pfingsten
hvita-sun-dagr	- Weißer Sonntag = Pfingsten
hvita-sunna-dagr	- Weißer Sonntag = Pfingstsonntag)
hvita-sunna	- Weiße Sonne = Pfingstsonntag
hvita-daga-helgr	- Weiß-Tag-Heilige Zeit = Pfingstfest
hvita-daga-vika	- Weiß-Tag-Woche = Pfingstwoche
hvita-kristr	- Weißer Christus

Die lediglich bei den Nordgermanen in der Zeit von ca. 1000-1300 n.Chr. übliche Bezeichnung „Weißer Christus" für Christus zeigt, daß diese Symbolik der Farbe Weiß nicht nur aus dem Christentum stammen kann, sondern auch schon bei den Germanen selber eine Bedeutung gehabt haben muß, die in etwa „heilig" bedeutet.

Diese Symbolik findet sich auch bei den bereits betrachteten Worten für „Schwan" und für „Totengeist":

ölpt - Schwan (verwandt mit lateinisch „albus" für „weiß"
alfr - Alb, Alf, Elf; wörtlich „Weißer" (lateinisch: „albus")

Im altnordischen muß die Farbe Weiß also in etwa „heilig, den Kult betreffend, jenseitig" symbolisiert haben.

I 2. Personennamen

Die wenigen mit dem Adjektiv „hvitr" gebildeten Personennamen beziehen sich zum größten Teil entweder auf die weiße Hautfarbe (bei Frauen) oder auf das blonde bzw. altersweiße Haar (bei Männern).

mit „weiß" gebildete Personennamen:		weiße Haut oder weißes Haar
Namen		*Bedeutung*
Männer	*Frauen*	
Hvitr	Hvit	Weiße(r)
	Svanhvit	Schwan-Weiß
	Snövit	Schnee-Weiß
	Fölva	Blasse, Hellhäutige
	Fögrumskinni	Schön-Haut (Weiß-Haut)
Hvitkarr		Weiß-Locke = Blonder
Hvithöfdi, Hwitoveth		Weiß-Kopf = Blonder, Weißhaariger
Hvitserk		Weißfell

Zu diesen Namen gehören thematisch auch die mit dem Substantiv „heid" für „Licht" gebildeten Namen wie „Heid" („Helle, Licht") oder der Tyr-Beiname „Heidrek" („Licht-König").

I 3. Heiligkeit

I 3. a) Das dritte Gudrun-Lied

Der im folgenden genannte „geweihte weiße Stein" ist offensichtlich ein „heiliger Stein".

Gudrun:
„Über das alles Eide leist ich Dir
Bei jenem geweihten weißen Stein,
Daß ich mit Dietmars Sohne nichts zu schaffen hatte,
Was dem Herren gehört und dem Gatten."

I 3. b) Gylfis Vision

In der folgenden Schilderung der Pflege des Weltenbaumes durch die Nornen kann das „Weißen" des Stammes sowohl eine gärtnerische Schutzmaßnahme als auch ein Weihen sein.

Auch wird erzählt, daß die Nornen, welche an Urds Brunnen wohnen, täglich Wasser aus dem Brunnen nehmen und es zugleich mit dem Dünger, der um den Brunnen liegt, auf die Esche sprengen, damit ihre Zweige nicht dorren oder faulen. Dieses Wasser ist so heilig, daß alles, was in den Brunnen kommt, so weiß wird wie die Haut, die inwendig in der Eierschale liegt.
So heißt es:

„Begossen wird die Esche, die Yggdrasil heißt,
Der geweihte Baum, mit weißem Nebel.
Davon kommt der Tau, der in die Täler fällt.
Immergrün steht er über Urds Brunnen."

I 4. Weiße Götter

I 4. b) Odins Rabenzauber

Der erste Gott, der als „weiß" bezeichnet wird, ist der Schwertgott und ehemalige Sonnengott-Göttervater Tyr:

Die Kräfte ermatten, die Arme ermüden,
Schwindelnd wankt der weiße Schwertgott.
Benommenheit vertreibt den Wind der Riesin,
die Tätigkeit des Geistes aller Menschen.

Hier wird der Einbruch der Nacht beschrieben.
Das Bewußtsein und das Denken der Menschen wird hier als der *„Wind einer Riesin"* umschrieben. Der „Wind des Geistes" ist in vielen Kulturen ein beliebtes Bild. Welche Riesin hier jedoch gemeint ist, ist unklar – sie wird ursprünglich vermutlich die Muttergöttin als Mutter der Seelen und somit auch des Bewußtseins gewesen sein.

I 4. a) Gylfis Vision

Heimdall ist ein Gott, der viele Eigenschaften eines Göttervaters hat – er ist aus einem Beinamen des ehemaligen Sonnengott-Göttervaters Tyr entstanden. Heimdall wird als „weiß" bezeichnet, was hier vermutlich nicht nur „weiß", sondern „heil, heilig" und evtl. auch „hell, leuchtend, strahlend" bedeuten wird.

Heimdall heißt einer, der auch der weiße Ase genannt wird.

I 4. c) Skaldskaparmal

Die folgende Strophe ist eins der vielen Beispiel für den nordgermanischen Begriff „Weißer Christus".

Und so sang Thorbjörn:

Der Beförderer der Meeres-Fracht
der Helling lag in dem Taufbecken,
der Hort-Räuber,
der die höchste Gnade des Weiß-Christus erhielt.

Helling = Schiffsbauplatz
Hort-Räuber = großzügiger Fürst
Weiß-Christus = die christliche Variante des ehemaligen „weißen" Sonnengott-Göttervaters Tyr, der auch der „weiße Schwertgott" ist; auch Christus wurde von den christianisierten Skalden als „Sonne" umschrieben

I 5. Weiße Rosse

I 5. a) Kenningar: Schimmel

Es sind zwei Pferde bekannt, die ausdrücklich „helle Pferde", d.h. „Schimmel" sind. Sie ziehen den Sonnenwagen, der auf den Streitwagen des ehemaligen Sonnengott-Göttervaters Tyr zurückgeht. Diese beiden weißen Pferde, die dem Gott Delling, d.h. dem Gott des Sonnenaufgangs (= wiedergeborener Tyr) gehören, heißen „Gladr" („Strahlender") und „Skinfaxi" („Leuchtende Mähne"). Aus diesen beiden Rossen des Tyr ist nach 500 n.Chr. Odins „achtbeiniges „Doppelpferd" Sleipnir geworden, der daher vermutlich ursprünglich ebenfalls ein Schimmel gewesen sein wird.

Die beiden Rosse „Gler" (Leuchtender) und „Gullr" („Goldener") werden der Überlieferung zufolge von Asen geritten – es wäre durchaus denkbar, daß dies zwei alternative Namen für die beiden Pferde vor dem Wagen des ehemaligen Sonnengott-Göttervaters Tyr sind. „Gler" und „Gullr" ergeben kombiniert den Namen „leuchtendes Gold", d.h. „leuchtende Sonne".

Der Tyr-Riese Hrungnir reitet das Roß „Gullfaxi", dessen Name „Goldmähne" sich wohl ebenfalls auf die Sonne beziehen wird.

Auch der Göttervater-ähnliche Heimdall reitet ein solches mit der Sonne assoziiertes Roß – sein Name ist „Gulltop" d.h. „Goldlocke".

Nun könnte man vermuten, daß auch der Gott Dag („Tag"), der weitgehend mit der Sonne identisch ist, deren Erscheinen den Tag verursacht, einen Roß mit einem „Licht/Gold/Sonnen-Namen" trägt. Sein Pferd ist jedoch nach seinen weiten Wegen über den Himmel benannt worden: „Drösull", d.h. „Umherstreifender".

Die Eigenschaft „weiß, hell, leuchtend" findet sich somit nicht nur bei dem Sonnengott-Göttervater (Tyr, Heimdall, Christus), sondern auch bei seinen Rossen.

I 5. b) Grimnir-Lied

Meistens werden die Rosse vor dem Wagen der Sonne „Arwakr" („Frühwach") und „Alswid" („Allgeschwind") genannt. Sie werden jedoch mit den Rossen „Gladr" („Strahlender") und „Skinfaxi" („Leuchtende Mähne") des Tyr-Delling sowie mit den anderen „Gold/Licht-Pferden" identisch sein.

Arwak und Alswid sollen immerdar
Schmachtend die Sonne führen.

I 5. c) Thulur

Diese beiden Rosse werden auch in den Namenslisten des Snorri Sturluson aufgezählt:

Arvakr und Alsvidr ziehen die Sonne, wie bereits zuvor geschrieben worden ist; Hrimfaxi oder Fjörsvartnir ziehen die Nacht; Skinfaxi und Gladr sind die Rosse des Tages.

I 5. d) Die Saga über Thorstein Haus-Macht

In dieser Saga werden zwei Trinkhörner beschrieben, die König Godmund („Gute Hand" = Tyr) gehören und „Hvitungr", d.h. „Weiße" genannt werden. Daneben gibt es noch ein drittes, größeres Horn, das „Grim" („Maske", Maskenhelm", ein Beiname des Tyr und später des Odin) heißt.

In dieser Saga finden sich sehr viele Beinamen des Tyr sowie Tyr-Mythen. Die vollständige Saga findet sich in Band 79.

Dann begannen sie zu trinken. Zwei Hörner wurden in die Halle gebracht, die Jarl Agdi gehörten und sehr wertvoll waren und „Hvitungr" hießen. Sie waren zwei Yard lang und mit Gold eingelegt.

Der Name der beiden Hörner bedeutet „Weiße" oder „die den Weißen gehören". Diese beiden „Weißen" werden die beiden Söhne des Tyr-Godmund sein, die einst in der Gestalt von zwei Schimmeln („Weiße") den Streitwagen des Sonnengott-Göttervaters Tyr über den Himmel gezogen haben.

Die Trinkhörner erscheinen bei den Germanen des öfteren paarweise, weil sie zu den beiden Alcis-Söhnen des Tyr gehören.

Ein Yard ist 91cm lang. Das Horn war demnach ca. 1,82m lang. Bei dieser Länge sollte man mit einem Umfang an der Öffnung von mindestens 20cm rechnen dürfen. Das Horn hätte demnach ca. 19 Liter Bier gefaßt (10cm·10cm·3,14·1,82m:3).

Siehe dazu auch das Kapitel über die Trinkhörner in Band 57.

I 5. e) Germania

Tacitus berichtet um 100 n.Chr., daß weiße Pferde bei den Orakeln der Germanen eine besondere Rolle gespielt haben – möglicherweise, weil sie mit dem damaligen Sonnengott-Göttervater Tyr assoziiert worden sind:

Den Germanen ist auch eigentümlich, daß sie der Rosse Wittern und Wiehern als Orakel benutzen. Für die Gemeinde werden sie in bestimmten Wäldern und Hainen genährt, ganz weiß und von keinem irdischen Dienste unrein berührt. Wenn sie von dem Priester und König oder Häuptling des Staates begleitet den heiligen Wagen ziehen, beobachten sie ihr Wiehern und Schnauben.

I 5. f) Grimm: Deutsche Mythologie

Auch in dem späteren deutschen Aberglauben, der vor allem auf die unterdrückte germanische und keltische Religion zurückgeht, findet sich eine Hervorhebung weißer Pferde und anderer weißer Tiere.

Nächst dem geschlecht war gewis auch an der farbe des thiers gelegen, und unter allen die weiße die günstigste. Von weißen rossen ist vielfach die rede (Tacitus: Germania), schon bei den Persern (Herodot).

Auch der opferfrischling war vermutlich fleckenlos weiß; noch in spätern rechtsdenkmälern ist unverletzbarkeit schneeweißer ferkel ausgesprochen.

Die Votjaken opferten einen rothen, die Tscheremissen einen weißen hengst. Da bei alten viehbußen und zehnten des deutschen rechts oft fahle oder bunte farbe begehrt wurde, so könnte darin zusammenhang mit den opfern statt finden; auch zur zauberei waren thiere bestimmter färbung erforderlich.

Der wassergeist heischte ein schwarzes lamm und den huldren wird ein schwarzes lamm, eine schwarze katze gebracht. Saxo sagt: rem divinam facere furvis hostiis; heißt das schwarzes vieh opfern?

Man kann sich denken, daß das vieh zum opfer bekränzt und geschmückt wurde. goldhörnige kühe verlangt eine stelle der edda und im mansfeldischen dorfe Fienstädt war ein kohlschwarzes rind mit weißer bläße und weißen füßen und ein ziegenbock mit vergoldeten hörnern zur entrichtung auferlegt.

I 6. Figuren im Tafl-Spiel

I 6. a) Taflspiel

Beim Taflspiel, das den Kampf zweier Heere zum Thema hat, gibt es die roten Verteidiger und die weißen Angreifer. Der zyklische Kampf zwischen dem Sommergott Tyr und dem Wintergott Loki wurde auch als Tafl-Spiel aufgefaßt (siehe „Tafl" in Band 57).

Wahrscheinlich sind die weißen Figuren das Heer des Tyr und die roten Figuren das Heer des Loki.

I 7. Weiße Schlangen

I 7. a) Gesta danorum

In dem Abschnitt „I 2. a)" in dem Kapitel über die Farbe „Gelb" ist schon über die weiße Schlange berichtet worden, deren Gift dem, der es zu sich nimmt, Weisheit und die Fähigkeit, die Sprache der Tiere zu verstehen, verleiht.

I 7. b) Das Märchen „Die weiße Schlange"

In diesem Märchen der Gebrüder Grimm findet sich eine weiße Schlange mit ganz ähnlichen Eigenschaften wie die, über die Saxo der Schriftkundige 650 Jahre zuvor in seiner „Geschichte der Dänen" berichtet hat.

Es ist nun schon lange her, da lebte ein König, dessen Weisheit im ganzen Lande berühmt war. Nichts blieb ihm unbekannt und es war, als ob ihm Nachricht von den verborgensten Dingen durch die Luft zugetragen würde. Er hatte aber eine seltsame Sitte. Jeden Mittag, wenn von der Tafel alles abgetragen und niemand mehr zugegen war, mußte ein vertrauter Diener noch eine Schüssel bringen. Sie war aber zugedeckt, und der Diener wußte selbst nicht, was darinlag, und kein Mensch wußte es, denn der König deckte sie nicht eher auf und aß nicht davon, bis er ganz allein war.

Das hatte schon lange Zeit gedauert, da überkam eines Tages den Diener, der die Schüssel wieder wegtrug, die Neugierde, daß er nicht widerstehen konnte, sondern die Schüssel in seine Kammer brachte. Als er die Tür sorgfältig verschlossen hatte, hob er den Deckel auf und da sah er, daß eine weiße Schlange darinlag. Bei ihrem Anblick konnte er die Lust nicht zurückhalten, sie zu kosten; er schnitt ein Stückchen davon ab und steckte es in den Mund. Kaum aber hatte es seine Zunge berührt, so hörte er vor seinem Fenster ein seltsames Gewisper von feinen Stimmen. Er ging und horchte, da merkte er, daß es die Sperlinge waren, die miteinander sprachen und sich allerlei erzählten, was sie im Felde und Walde gesehen hatten. Der Genuß der Schlange hatte ihm die Fähigkeit verliehen, die Sprache der Tiere zu verstehen.

Nun trug es sich zu, daß gerade an diesem Tage der Königin ihr schönster Ring fortkam und auf den vertrauten Diener, der überall Zugang hatte, der Verdacht fiel, er habe ihn gestohlen.

Der König ließ ihn vor sich kommen und drohte ihm unter heftigen Scheltworten, wenn er bis morgen den Täter nicht zu nennen wüßte, so sollte er dafür angesehen und gerichtet werden. Es half nichts, daß er seine Unschuld beteuerte, er ward mit keinem besseren Bescheid entlassen.

In seiner Unruhe und Angst ging er hinab auf den Hof und bedachte, wie er sich aus seiner Not helfen könne. Da saßen die Enten an einem fließenden Wasser friedlich nebeneinander und ruhten, sie putzten sich mit ihren Schnäbeln glatt und hielten ein vertrauliches Gespräch. Der Diener blieb stehen und hörte ihnen zu. Sie erzählten sich, wo sie heute morgen all herumgewackelt wären und was für gutes Futter sie gefunden hätten.

Da sagte eine verdrießlich: „Mir liegt etwas schwer im Magen, ich habe einen Ring, der unter der Königin Fenster lag, in der Hast mit hinuntergeschluckt."

Da packte sie der Diener gleich beim Kragen, trug sie in die Küche und sprach zum Koch: „Schlachte doch diese ab, sie ist wohlgenährt."

„Ja," sagte der Koch und wog sie in der Hand; „die hat keine Mühe gescheut sich zu mästen und schon lange darauf gewartet, gebraten zu werden."

Er schnitt ihr den Hals ab, und als sie ausgenommen ward, fand sich der Ring der Königin in ihrem Magen. Der Diener konnte nun leicht vor dem Könige seine Unschuld beweisen, und da dieser sein Unrecht wieder gutmachen wollte, erlaubte er ihm, sich eine Gnade auszubitten und versprach ihm die größte Ehrenstelle, die er sich an seinem Hofe wünschte.

Der Diener schlug alles aus und bat nur um ein Pferd und Reisegeld. Denn er hatte Lust, die Welt zu sehen und eine Weile darin herumzuziehen. Als seine Bitte erfüllt war, machte er sich auf den Weg und kam eines Tages an einem Teich vorbei, wo er drei Fische bemerkte, die sich im Rohr gefangen hatten und nach Wasser schnappten. Obgleich man sagt, die Fische wären stumm, so vernahm er doch ihre Klage, daß sie so elend umkommen müßten.

Weil er ein mitleidiges Herz hatte, so stieg er vom Pferde ab und setzte die drei Gefangenen wieder ins Wasser. Sie zappelten vor Freude, steckten die Köpfe heraus und riefen ihm zu: „Wir wollen Dir's gedenken und Dir's vergelten, daß Du uns errettet hast!"

Er ritt weiter, und nach einem Weilchen kam es ihm vor, als hörte er zu seinen Füßen in dem Sand eine Stimme. Er horchte und vernahm, wie ein Ameisenkönig klagte: „Wenn uns nur die Menschen mit den ungeschickten Tieren vom Leib blieben! Da tritt mir das dumme Pferd mit seinen schweren Hufen meine Leute ohne Barmherzigkeit nieder!"

Er lenkte auf einen Seitenweg ein, und der Ameisenkönig rief ihm zu: „Wir wollen Dir's gedenken und Dir's vergelten!"

Der Weg führte ihn in einen Wald, und da sah er einen Rabenvater und eine Rabenmutter, die standen bei ihrem Nest und warfen ihre Jungen heraus. „Fort mit euch, ihr Galgenschwengel!" riefen sie, „wir können euch nicht mehr satt machen, ihr seid groß genug und könnt euch selbst ernähren."

Die armen Jungen lagen auf der Erde, flatterten und schlugen mit ihren Fittichen und schrien: „Wir hilflosen Kinder, wir sollen uns selbst ernähren und können noch nicht fliegen! Was bleibt uns übrig, als hier Hungers zu sterben!"

Da stieg der gute Jüngling ab, tötete das Pferd mit seinem Degen und überließ es den jungen Raben zum Futter. Die kamen herbeigehüpft, sättigten sich und riefen: "Wir wollen Dir's gedenken und Dir's vergelten!"

Er mußte jetzt seine Beine gebrauchen, und als er lange Wege gegangen war, kam er in eine große Stadt. Da war großer Lärm und Gedränge in den Straßen und kam einer zu Pferde und machte bekannt: Die Königstochter suche einen Gemahl, wer sich aber um sie bewerben wolle, der müsse eine schwere Aufgabe vollbringen, und könne er es nicht glücklich ausführen, so habe er sein Leben verwirkt. Viele hatten es schon versucht, aber vergeblich ihr Leben daran gesetzt.

Der Jüngling, als er die Königstochter sah, ward von ihrer großen Schönheit so verblendet, daß er alle Gefahr vergaß, vor den König trat und sich als Freier meldete.

Alsbald ward er hinaus ans Meer geführt und vor seinen Augen ein goldener Ring hineingeworfen. Dann hieß ihn der König diesen Ring aus dem Meeresgrund wieder hervorzuholen, und fügte hinzu: "Wenn Du ohne ihn wieder in die Höhe kommst, so wirst Du immer aufs neue hinabgestürzt, bis Du in den Wellen umkommst."

Alle bedauerten den schönen Jüngling und ließen ihn dann einsam am Meer zurück. Er stand am Ufer und überlegte, was er wohl tun sollte. Da sah er auf einmal drei Fische daherschwimmen, und es waren keine andern als jene, welchen er das Leben gerettet hatte. Der mittelste hielt eine Muschel im Munde, die er an den Strand zu den Füßen des Jünglings hinlegte, und als dieser sie aufhob und öffnete, so lag der Goldring darin. Voll Freude brachte er ihn dem Könige und erwartete, daß er ihm den verheißenen Lohn gewähren würde.

Die stolze Königstochter aber, als sie vernahm, daß er ihr nicht ebenbürtig war, verschmähte ihn und verlangte, er sollte zuvor eine zweite Aufgabe lösen. Sie ging hinab in den Garten und streute selbst zehn Säcke voll Hirse ins Gras. „Die muß Er morgen, eh die Sonne hervorkommt, aufgelesen haben," sprach sie, „und es darf kein Körnchen fehlen."

Der Jüngling setzte sich in den Garten und dachte nach, wie es möglich wäre, die Aufgabe zu lösen; aber er konnte nichts ersinnen, saß da ganz traurig und erwartete bei Anbruch des Morgens, zum Tode geführt zu werden. Als aber die ersten Sonnenstrahlen in den Garten fielen, so sah er die zehn Säcke alle wohlgefüllt nebeneinander stehen, und kein Körnchen fehlte darin. Der Ameisenkönig war mit seinen tausend und tausend Ameisen in der Nacht angekommen, und die dankbaren Tiere hatten die Hirse mit großer Emsigkeit gelesen und in die Säcke gesammelt.

Die Königstochter kam selbst in den Garten herab und sah mit Verwunderung, daß der Jüngling vollbracht hatte, was ihm aufgegeben war. Aber sie konnte ihr stolzes Herz noch nicht bezwingen und sprach: „Hat er auch die beiden Aufgaben gelöst, so soll er doch nicht eher mein Gemahl werden, bis er mir einen Apfel vom Baume des Lebens gebracht hat."

Der Jüngling wußte nicht, wo der Baum des Lebens stand. Er machte sich auf und wollte immer zugehen, solange ihn seine Beine trügen, aber er hatte keine Hoffnung, ihn zu finden. Als er schon durch drei Königreiche gewandert war und abends in einen Wald kam, setzte er sich unter einen Baum und wollte schlafen.

Da hörte er in den Ästen ein Geräusch und ein goldener Apfel fiel in seine Hand. Zugleich flogen drei Raben zu ihm herab, setzten sich auf seine Knie und sagten: „Wir sind die drei jungen Raben, die du vom Hungertod errettet hast. Als wir groß geworden waren und hörten, daß du den goldenen Apfel suchtest, so sind wir über das Meer geflogen bis ans Ende der Welt, wo der Baum des Lebens steht, und haben Dir den Apfel geholt."

Voll Freude machte sich der Jüngling auf den Heimweg und brachte der schönen Königstochter den goldenen Apfel, der nun keine Ausrede mehr übrig blieb. Sie teilten den Apfel des Lebens und aßen ihn zusammen. Da ward ihr Herz mit Liebe zu ihm erfüllt, und sie erreichten in ungestörtem Glück ein hohes Alter.

I 8. Helligkeit

I 8. a) Die Saga über Viglund den Blonden

In den folgenden Versen aus einem Lied der Olof hat „weiß" die Bedeutung „strahlend, herrlich" – was eine Assoziation zu dem weißen/strahlenden Göttervater Tyr sein könnte.

„Kein Ring-Träger kann so weiß sein,
daß er von mir einen Blick erhalten könnte!"

Ring-Träger = wohlhabender Mann

I 9. Der weiße Schild

I 9. a) Die Saga über Fridthjof den Kühnen

Das Erheben eines weiße Schildes war ein bei den Germanen weitverbreitetes Symbol für die Bitte um einen Waffenstillstand oder ein Zeichen für eine friedliche Absicht. Daraus ist dann später „die weiße Fahne hissen" geworden.

Fridthof hielt den Friedenschild empor, woraufhin die Schlacht endete.

Ob die Farbe „Weiß" hier einfach Reinheit, Friedlichkeit o.ä. bedeutet hat oder ob es einen Zusammenhang mit Tyrs „weißem" (strahlenden) Sonnenschild gegeben hat, läßt sich kaum entscheiden.

I 10. Reinheit

I 10. a) Germania

Tacitus berichtet auch über ein weißes Tuch beim Benutzen der Orakelstäbe – möglicherweise bedeutete dieses „weiß" jedoch nur allgemein „rein, heilig".

Götterzeichen und Lose beobachten sie wie alle anderen auch. Das Vorgehen bei dem Los-Orakel ist einfach. Man schneidet einen Zweig, der von einem Fruchtbaum abgeschnitten wurde, in kleine Stäbchen, unterscheidet diese durch gewisse Zeichen, und streut sie über ein weißes Tuch blindlings und auf's Ungefähr. Alsbald hebt, wenn in Staatssachen Befragung geschehen soll, der Priester der Gemeinde, oder, wenn es nur um häusliche Angelegenheiten geht, bloß das Haupt der Familie, zu den Göttern flehend und gegen den Himmel aufblickend, dreimal ein Stäbchen auf, und deutet die aufgehobenen Stäbe entsprechend den vorher eingedrückten Zeichen.

I 10. b)   Rig-Lied

Die Farbe „weiß, hell" wird mit dem Stand der Fürsten und Krieger assoziiert – dessen Schutzpatron einst Tyr-Heimdall und danach dann Odin gewesen ist.

Der Hausherr saß / die Sehne zu winden,
Den Bogen zu spannen, / Pfeile zu schäften;
Derweil die Hausfrau / die Hände besah,
Die Falten ebnete, / am Ärmel zupfte.

Im Schleier saß sie / ein Geschmeid' an der Brust,
Die Schleppe wallend / am blauen Gewand;
Die Braue glänzender, / die Brust weißer,
Lichter der Nacken / als leuchtender Schnee.

I 10. c)   Nials-Saga

Das Adjektiv „weiß" konnte auch „rein, unschuldig" bedeuten:

„*Was man doch alles hören muß!*" spottete Halgjerde (zu dem Sklaven), „*Du willst Dich weiß brennen und bist doch ein Dieb und ein Mörder? Du sollst nach meinen Worten tun, sonst lasse ich Dich töten.*"

I 11. Weiß und Schwarz

I 11. a) Die Geschichte von Thirandi und Thorhall

In dem Abschnitt „I 2. o)" in dem Kapitel über die Farbe „Schwarz" ist bereits berichtet über die neun schwarzen und „bösen" Reiterinnen und über die neun weißen und „guten" Reiterinnen berichtet worden, die dort als Disen und Fylgias bezeichnet werden und die die Funktion von Walküren haben.

I 12. Das Weiß des Schnees

I 12. a) Jomsvikinger-Saga

In dieser Saga weist die Farbe „weiß" in einem Traum lediglich auf ein schneereiches Jahr hin. Die vollständige Geschichte über diesen Traum findet sich in dem Abschnitt „I 3. b)" in dem Kapitel über die Farbe „Rot".

Dann sah er drei weiße Ochsen aus dem Meer steigen. Sie fraßen alles Gras von der Erde und gingen dann wieder ins Meer.
... ...
„Daß drei weiße Ochsen aus dem Meer ans Land stiegen, bedeutet, daß drei so schneereiche Jahre kommen werden, daß die Ernte in Dänemark vernichtet werden wird."

I 12. b) Die Saga über Thorsteinn Hausmacht

Die ausführlichere Fassung dieser Szene findet sich im Kapitel 4. b) bei der Farbe „Rot".

„Ich habe nichts weiteres von Nutzen, das ich Dir geben könnte. Nur noch einen Stein will ich Dir zu Deinem Vergnügen geben."
Er nahm einen Stein aus seiner Tasche. Zu ihm gehörte eine Stahlspitze dazu. Der Stein hatte drei Ecken. In der Mitte war er weiß, aber rot auf der gegenüberliegenden

Seite und er hatte einen goldenen Ring außen herum.

Der Zwerg sprach: „Wenn Du die Spitze dort gegen den Stein stichst, wo er weiß ist, wird ein so großer Hagelsturm kommen, daß es niemand wagen wird, sich ihm entgegenzustellen. Wenn Du jedoch Schnee tauen willst, solltest Du dorthin stechen, wo er golden ist, und die Sonne wird kommen, sodaß alles fortschmelzen wird. Aber wenn ihn dort stichst, wo er rot ist, dann werden in einem Funkenregen Glutstücke aus einem Feuer kommen, die niemand ertragen kann. Du kannst auch auf was immer Du willst, mit der Spitze oder dem Stein zeigen und es wird in Deine Hand zurückkommen, wenn Du es rufst. Ich kann Dich nicht noch mehr belohnen."

I 13.   Das Weiß des Alters

I 13. a)   Nials-Saga

Der Beiname „der Weiße" bedeutet entweder, daß der Betreffende alt ist und schon weiße Haare hat, oder daß er von Geburt her blond oder weißblond ist.

Der Steuermann war Halvard der Weiße von der Bucht.

I 14.   Hellhäutig

I 14. a)   Harbard-Lied

Harbard:
„Ich war im Osten mit einer zu kosen,
Spielte mit der Schneeweißen und sprach lange mit ihr.
Ich erfreute die Goldschöne; der Scherz gefiel der Maid."

I 14. b)   Die Geschichte über Gunnlaug Schlangenzunge

Auch hier hat „weiß" keine tiefere Bedeutung, sondern bedeutet lediglich „weißhäutig".

Sicherlich sehe ich sie, versetzte Gunnlaug und sprach folgende Weise:

*„Diese gewaltige Frau wurde zum Streite geboren
für die Söhne der Menschen;
der Kampfbaum war daran schuld;
ich war begierig darnach, den Baum des
Reichtums zu besitzen; nun hat es gar wenig
Zweck mehr für mich, anzuschauen die schwarzen
Augen der mit den Ringen des Landes steh
schmückenden, schwanenweißen Frau!"*

I 14. c) Gesta danorum

In der folgenden Textstelle wird „weiß" im Sinne von „jung, weißhäutig" und „rot" von Blut-erfüllt, lebendig" benutzt.

Der Text stammt von dem christlichen Mönch Saxo dem Schriftkundigen, wie man an der pessimistischen Haltung der Jugend und generell dem Leben und dem Diesseits gegenüber sehen kann.

„Leeres Rot und Weiß führt nur Sünden herbei und wird Stück für Stück von den leicht dahingleitenden Jahren zerstört."

I 14. d) Schneewittchen

Der Name „Scheewittchen" ist mit dem Namen „Schneeweiße" aus dem Harbard-Lied identisch. Die „Schneeweiße" ist die Jenseitsgöttin als Wiedergeburts-Geliebte insbesondere des Sonnengott-Göttervaters Tyr (im Märchen der Prinz).

I 14. e) Schneeweißchen und Rosenrot

Auch „Schneeweißchen" in diesem Märchen ist mit Schneewittchen und mit der „Schneeweißen" aus dem Harbard-Lied identisch.

I 15. Kenningar

Es gibt kaum Kenningar, in denen das Adjektiv „weiß" benutzt wird. In allen Fällen ist die wörtliche Bedeutung „weiß" gemeint.

Frau	*Schwanen-Weiße*		anonym	Atli-Lied
Frau	*Schnee-Weiße*		anonym	Harbard-Lied
Schwert	*Weiß-Wal*	weiß = glänzend; Wal = Schlange => glänzende Schlange = Klinge	Snorri Sturluson	Thulur
Schild	*Weiß-Holz*	weiß bemalter Schild	Snorri Sturluson	Thulur
Schild	*Weiß-Mahlstein*	Mahlstein = Sonne/Mond = Schild (sie sind alle rund)	Snorri Sturluson	Thulur
kämpfen	*weiße Schilde im Wunden-Fluß baden*	Wunden-Fluß = Blut	anonym	Grettir-Saga

I 16. Alfen

I 16. a) Jakob Grimm: Deutsche Mythologie

Seltsam wird ein Adalbero filius Danubii genannt, Alberus filius Danubii, Gozwinus de Danubio, Albertus et Engelbertus de Danubio.

„Albus" ist identisch mit „Alfe", also „Ahnengeist". Da Tyr der „König der Alfen" ist und jede Nacht in der Wasserunterwelt ist, könnte dieser „weiße Sohn der Donau" der ehemalige Göttervater Tyr in der Unterwelt sein.

Für einen einfachen Totengeist klingt der Titel „weißer Sohn der Donau" eigentlich ein wenig zu bombastisch.

I 17. Zusammenfassung

Die Farbe „weiß" wurde auch in der Bedeutung „hell, strahlend" verwendet und hatte sekundär auch noch die Bedeutung „heil, heilig, rein, richtig". In der schon christlich beeinflußten Zeit verallgemeinerte und verschob sich diese Symbolik zu „gut, unschuldig".

Mit der Farbe Weiß wurde vor allem der ehemalige Göttervater Tyr assoziiert, der durch seine enge Verbindung mit der Sonne ein „weißer, strahlender, goldener Gott" war.

Daher tragen nicht nur die Rosse, die den Wagen der Sonne ziehen, sondern auch die Rosse der verschiedenen Erscheinungsformen des Göttervaters (Heimdall, Delling, Dag, Hrungnir) Namen, die mit „Licht" oder „Gold" gebildet worden sind. Auch Tyr selber trug solche Beinamen wie z.B. „Licht-König" oder „weißer Schwertgott". Auch Heimdall war ein „weißer Gott". Die beiden Rosse vor dem Streitwagen des Sonnengott-Göttervaters Tyr waren somit zwei Schimmel.

Schon Tacitus berichtet, daß die Kult-Wagen der Germanen von Schimmeln gezogen wurden und daß das Schnauben dieser Rosse als Orakel benutzt wurde.

Christus wurde von den Germanen dem Tyr gleichgesetzt, sodaß auch Christus als die Sonne aufgefaßt und „Weißer Christus" genannt wurde.

Tyr und seine beiden Alcis-Söhne, also die beiden weißen Rosse, die seinen Wagen zogen, besaßen je ein Trinkhorn: Tyr das große Grim-Horn und seine beiden Söhne die etwas kleineren Hviting-Hörner, deren Name „die Weißen" bedeutet.

Der „weiße Tyr" erscheint im Tafl-Spiel als die weißen Spielfiguren. Die rote Figuren verkörpern seinen Gegner Loki.

In einem Zauber werden eine weiße Schlange und zwei dunkelfarbige Schlangen dazu benutzt, um dem, der sie verspeist, Weisheit und Sieg zu geben – die einst Tyr und später dann Odin zugeschrieben worden sind.

Der Name der Göttin/Riesin/Zauberin Heid bedeutet „Licht". Vermutlich ist sie ursprünglich die Göttin gewesen, die jeden Morgen den Sonnengott-Göttervater Tyr wiedergebiert.

Die weiße Farbe ist auch eng mit den Totengeistern („Alfen") und dem Seelenvogel („Schwan") assoziiert – die Namen für beide sind von einem Adjektiv für „weiß" abgeleitet worden.

Der weiße Schild war ein Symbol für den Frieden und den Waffenstillstand.

Die Bedeutung der Farbe „weiß" ist von der Auffassung des ehemaligen Sonnengott-Göttervaters Tyr als „weißem, leuchtendem Gott" geprägt worden.

II die allgemeine Symbolik der Farbe „Weiß"

Das altnordische „hvitr" für „weiß" stammt von dem indogermanischen „kwoitos" für „leuchten, glänzen, licht, hell" ab. Die weitere Herkunft dieses Wortes ist unbekannt.

Die altnordische Bezeichnung „Alfen" für die Totengeister, die „Weiße, Leuchtende" bedeutet (lateinisch „albus"), stammt von dem indogermanischen Adjektiv „helb" für „Weiß" ab. Aus dieser indogermanischen Wurzel sind auch die Bezeichnungen für „Schwan" und für „Wolke" abgeleitet worden.

Das indogermanische „helb" geht seinerseits auf das eurasiatische „kujtu" für „Licht, gelb" zurück. Dieses Wort ist offenbar ursprünglich einmal eine Bezeichnung für die Eigenschaften der Sonne gewesen, die in der eurasiatischen Sprache „Siawu" genannt wurde.

Auch bei den übrigen Indogermanen, aber auch generell auf der ganzen Erde hat die Farbe „Weiß" fast immer die naheliegenden Assoziationen „rein" und „hell". Sie wird manchmal auch als die Farbe der Sonne angesehen und in einigen selten Fällen auch als Farbe des Todes – wegen der Sonne im Jenseits?

Im 103. und 104. Vers des dritten Gesanges der Illias berichtet Homer um ca. 700 v.Chr. daß dem hellen Sonnengott Helios ein weißes, männliches Lamm und der dunklen Erdgöttin ein schwarzes, weibliches Lamm geopfert wurde. Dies entspricht der generellen Symbolik der Farbe „Weiß".

Bringt zwei Lämmer herbei, dem Helios weiß und ein Böcklein,
Schwarz der Erd' und ein Weibchen; wir bringen dem Zeus noch ein drittes.

Die ursprüngliche symbolische Bedeutung dieser Farbe wird die Reinheit gewesen sein. Sie hat in der hierarchischen Priesterschaft des Königtums das ältere Rot der Schamanen-Priester abgelöst.

I Grau

I Die Farbe „Grau" in der germanischen Überlieferung

Diese Farbe wird von allen Farben am seltensten erwähnt.

I 1. Graue Pferde

Es werden insgesamt drei graue Pferde erwähnt:

Pferd (grau)	Mor („Dunkelgrauer")		Thorgrimnir	(Skaldskaparmal)
Pferd (grau)	Grani („Grauer")	Roß des Sigurd	Kalf	Kalfsvisa
Pferd (grau)	„Grauer"	Roß des Adil	Kalf	Kalfsvisa

I 2. Graue Kleidung

I 2. a) Lachstal-Saga

Dort saß ein Mann auf einem schottischen Sattel: Er hatte einen ergrauten Bart und war von sehr blasser Hautfarbe und lockigem, schwarzem Haar – eher unansehnlich, aber dennoch kriegerisch. Er trug einen grauen, in Falten gelegten Umhang.

I 3. Grauer Wandbehänge

I 3. a) Die Saga über die Joms-Wikinger

Die Farbe „Grau" konnte Trauer und Tod symbolisieren – so wie heute in Europa die Farbe „Schwarz".

König Gormr hatte geschworen, daß er sterben würde, wenn er vom Tod seines Sohnes Knutr erführe, und so auch der, der ihm davon berichtete. Da ließ die Königin die Halle mit grauem Wollstoff behängen. Als der König zu Tisch kam, schwiegen alle, die drinnen waren.

I 4. Personennamen

Es gibt ein paar Männernamen, die mit dem Wort für die Farbe „grau" gebildet worden sind. Sie könnten sich auf das graue Haar des Betreffenden und somit auf sein Alter bezogen haben. Falls diese Deutung zutreffen sollte, müßten diese Namen ursprünglich Ehrennamen und Beinamen gewesen sein, da man sie ja nicht einem Neugeborenen verleihen kann.

Mit dem Wort für die Farbe "Grau" gebildete Personennamen	
Männername	*Bedeutung*
Höskollr, Höskoldr	Grau-Schädel, Grau-Haar
Kätilhoss	Kessel-Grauer

I 5. Zusammenfassung

Die einzige Assoziation zu der Farbe „Grau", die sich feststellen läßt, ist das Alter – das Haar wird im Alter grau.

II Die allgemeine Symbolik der Farbe „grau"

Das altnordische „grar" für „grau" stammt von dem indogermanischen „gher" für „blaugrau schimmern, leuchten, glänzen" ab.

Es wäre denkbar, daß sich dieses Adjektiv einst auf die Farbe des Mondes bezogen hat – aber das ist nur eine vage Vermutung. Es könnte sich auch um einen Namen für Metalle wie Zinn und Eisen gehandelt haben oder zumindestens auch dafür verwendet worden sein.

Eine allgemeine Symbolik der Farbe „Grau" ist bei den Indogermanen nicht bekannt.

Die drei Farben Blau, Grün und Grau sind bei den Indogermanen ursprünglich kaum unterschieden worden – zumindestens gibt es viele fließende Übergänge zwischen ihnen. Die späte genaue Differenzierung zwischen diesen Farben läßt sich auch in anderen Sprachen wie z.B. dem Altägyptischen beobachten.

J Golden

I Die Farbe Golden in der germanischen Überlieferung

Die Farbe „golden" ist eng mit der Farbe „gelb" verwandt. Beide sind mit der Sonne assoziiert, wobei „golden" natürlich noch die Assoziation „wertvoll" hat.

Es ist kaum möglich, die Symbolik der Farbe „golden" von der Symbolik des Metalls Gold zu unterscheiden. Daher ist „Gold" und „golden" zusammen in dem Kapitel „Gold" in Band 55 betrachtet worden.

Das folgende sind die Ergebnisse aus dem betreffenden Kapitel:

> Die Symbolik des Metalles Gold und der Farbe golden sind vollständig von der Sonne geprägt worden.
>
> Die wichtigste Kenningar überhaupt war die Gold-Kenning „Sonne im Meer". Der Ring Draupnir des Odin, der Ring Andvarinaut des Tyr-Zwerges Andvari, der Sonnenschild des Tyr, das Sonnen-Schwert des Tyr-Surtur, Fullas goldener Haarreif, die goldenen Stirnbänder, der Goldhelm des Tyr/Odin, die goldenen Zähne des Heimdall, das Gold im Mund des Tyr-Thiazi, die goldene Keule, die goldene Kugel, die goldenen Äpfel, die goldenen Nüsse und das leuchtende Gold werden allesamt ursprünglich Sonnensymbole gewesen sein.
>
> Der goldene Tempel, die goldene Halle und der goldene Thron sind die Ausweitung der Sonnen-Symbolik auf den Ort, an dem sich der Sonnengott-Göttervater befindet.
>
> Die vergoldeten Drachenköpfe der Drachenschiffe sowie die goldenen Drachen selber sind die Ausweitung der Sonnensymbolik bzw. des Sonnengott-Göttervaters Tyr auf das Fahrzeug der Sonne. Auch das goldene Banner auf den Bestattungs-Schiffen und in den Grabkammern der Hügelgräber hat diese Bedeutung.
>
> Die goldene Farbe der Sonne hat auch auf ihren Weg „abgefärbt": Die Jenseitsbrücke ist mit Gold belegt und die Blätter des Weltenbaum sind golden.
>
> Auch die beiden Rosse vor dem Sonnenwagen sind golden – oder zumindestens ihre Mähnen, ihre Schweife und ihre Hufe. Sie selber sind Schimmel – also weiße Rosse mit goldenen Mähnen, Schweifen und Hufen.
>
> Der goldene Hahn auf dem Weltenbaum wird der Seelenvogel der Sonne bzw. des Sonnengottes sein, der am Morgen zurückkehrt und die Menschen weckt.
>
> Auch die Opfertiere des Tyr, deren Gestalt der ehemalige Göttervater angenommen hat, sind durch die Sonnen-Assoziation teilweise golden geworden: der Stier erhielt goldene Hörner, der Eber leuchtende, goldene Borsten und der Ziegenbock Gold-geschmückte Hörner.

Aus den beiden goldenen Hörnern des Stiers wurden die beiden goldenen Trinkhörner, aus denen der rituelle Met getrunken worden ist. Eine stark entstellte Variante davon sind die beiden goldenen Stäbe.

Der Sonnengott-Göttervater Tyr sowie später der Gott Thor und der Held Sigurd, die beide die Position des jungen, wiedergeborenen Tyr übernommen haben, hatten goldene Haare. Auch die Göttin, die Tyr wiedergeboren hat (seine Mutter, Sif) hatte goldenes Haar. Die Umdeutung des Haares der Sif zum reifen Getreide wird eine spätere Analogie-Bildung des Wachstums des Korns zu der Wiedergeburt der Sonne sein. Vielleicht ist auch das Motiv des goldenen Mehles, daß Fenja/Frigg und Menja/Freya mahlen, dies „goldene Getreide".

Die goldenen Schicksalsfäden der Nornen könnten sich ursprünglich auf das Schicksal der Sonne bezogen haben – falls dies ein altes Motiv sein sollte.

Die goldenen Tränen der Freya sind recht sicher ein sekundäres Motiv, das aus der Assoziation zwischen Gold, Sonne, Tod, Wiedergeburt und Jenseitsgöttin entstanden ist.

II   Die allgemeine Symbolik der Farbe „Golden"

Das altnordische „gullin, gyldin" stammt wie das Adjektiv für „gelb" von dem indogermanischen „ghel" für „glänzend, schimmernd, blank" ab. Die Farbe „gelb" ist also entweder die „Gold-Farbe" oder das Gold ist das „gelbe Metall".

Die weitere Herkunft des Wortes „ghel" ist unbekannt.

Die Sonnen-Symbolik der Farbe „Gelb" bzw. „Golden" findet sich nicht nur bei so gut wie allen indogermanischen Völkern, sondern weltweit, da sich die Assoziation zwischen „gelb/golden" und der Sonne geradezu aufdrängt, da die Sonne und das Gold in der Natur das einzig Gelbe sind, wenn man einmal von gelben Blumen absieht.

K Silbern

I Die Farbe „Silbern" in der germanischen Überlieferung

Diese Farbe erscheint im Vergleich zu den anderen Farben recht selten, was u.a. daran liegt, daß Silber damals recht selten war.

I 1. Pferde

I 1. a) Skaldskaparmal

Snorri Sturluson zählt in seinem Skaldenkunst-Lehrbuch u.a. eine Pferd mit dem Namen „Silfrtoppr", d.h. „Silberlocke" aus einem Lied des Skalden Thorgrimnir auf.
Da die „goldenen Pferde" alle mit der Sonne und den Sonnengott-Göttervater Tyr assoziiert gewesen sind, könnte „Silberlocke" ein „Mond-Pferd" gewesen sein. Das ist jedoch nur eine Vermutung – wenn auch eine naheliegende.

I 2. Das Tempeldach

I 2. a) Gylfis Vision

Odins Saal Walaskialf ist mit Silber gedeckt – so wie Walhalla mit den goldenen Sonnenschilden des ehemaligen Göttervaters Tyr gedeckt worden ist.
Das silberne Dach von Walaskialf könnte daher mit „Mond-Metall" gedeckt sein.

Da sprach Gangleri: „Große Dinge weißt Du vom Himmel zu berichten; aber was für andere Hauptgebäude gibt es noch außerdem an Urds Brunnen?"
Har antwortete: „... ... ... da ist ferner ein großer Saal, der Walaskialf heißt: das ist Odins Saal. Ihn schufen die Götter und deckten ihn mit schierem Silber."

I 2. b) Gylfis Vision

Noch eine weitere Halle trägt ein Dach aus Silber:

Forseti heißt der Sohn Baldurs und der Nanna, der Tochter Neps. Er hat im Himmel den Saal, der Glitnir heißt, und alle, die sich in Rechtsstreitigkeiten an ihn wenden, gehen verglichen nach Hause. Das ist der beste Richterstuhl für Götter und Menschen.
  Es heißt von ihm:

„*Glitnir ist die zehnte: auf goldnen Säulen ruht*
Des Saales Silberdach.
Da thront Forseti den langen Tag
Und schlichtet allen Streit."

I 3. Haarreif

I 3. a) Die Saga über die Joms-Wikinger

In der folgenden Saga wird ein silberner Haarreif genannt. Da er von einem Kind getragen wird, daß die Saga-Variante des ehemaligen jungen, wiedergeborenen Göttervaters Tyr ist (siehe "Inzest" in Band 51), könnte dieser Haarreif eine tiefere Bedeutung haben.

Wenn diese Vermutung zutreffen sollte, könnte dieser Haarreif ein Symbol des Tyr oder der Wiedergeburt gewesen sein. Da die Haarreifen oft Symbole des Königtums sind und der Krone entsprechen, würde der Haarreif als Krone des Tyr durchaus passen.

Man könnte nun überlegen, ob der silberne Haarreif Tyrs Mond-Nacht-Krone und der goldene Haarreif Tyrs Sonnen-Tag-Krone ist – aber es gibt zuwenige Informationen über diese Haarreifen, um diese Arbeitshypothese weiter verfolgen zu können.

Ein König, der über Dänemark herrschte, hieß Gormr und wurde „der Kinderlose" genannt. Er war ein mächtiger König und bei seinen Leuten beliebt. Als das Folgende geschah, hatte er noch nicht lange über das Reich geherrscht. Zu jener Zeit lebte in Saxland Jarl Arnfinnr, der das Reich von König Karl dem Großen als Lehen bekommen hatte.

Arnfinnr und König Gormr waren gute Freunde und waren beide zusammen auf Wikingerfahrt gewesen. Der Jarl hatte eine schöne Schwester. Er war ihr mehr zugeneigt, als er hätte sein sollen und bekam mit ihr ein Kind, was verheimlicht wurde. Der Jarl schickte Leute mit dem Kind fort und befahl ihnen, sich nicht von ihm zu trennen, bevor sie wüßten, was aus dem Kind würde. Sie kamen nach Dänemark und in die Nähe eines Waldes.

Sie erfuhren, daß König Gormr mit seinem Gefolge in dem Wald war. Sie legten das Kind unter einen großen Baum und brachten sich in Sicherheit. Gegen Abend begaben sich der König und alle seine Gefolgsleute heim, bis auf zwei Brüder. Der eine hieß Hallvardr, der andere Havardr. Sie blieben hinter den anderen zurück. Sie gingen weiter, um sich umzusehen, und da hörten sie das Weinen eines Kindes. Sie gingen dem Geräusch nach, aber wußten nicht, was es bedeutete.

Da fanden sie einen Knaben unter einem großen Baum und ein großes Bündel in den Ästen darüber. Das Kind war in kostbaren Seidenstoff eingewickelt und hatte ein silbernes Band um den Kopf, in dem ein goldener Ring von einer Unze Gewicht war.

Sie hoben das Kind auf und nahmen es mit nach Hause. Sie kamen heim, als der König gerade beim Trinken saß, und sagten ihm, was sie gefunden hatten und zeigten ihm den Knaben.

Ihm gefiel er gut und er sprach: „Dieser Knabe wird ein großartiger Mann werden und es ist besser, ihn gefunden zu haben als nicht."

Er ließ den Knaben mit Wasser begießen und Knutr nennen, weil ein Ring an seine Stirn geknotet gewesen war. Der König stellte einen Erzieher für ihn an, nannte ihn seinen Sohn und liebte ihn sehr.

Als König Gormr alt war, übergab er seinem Adoptivsohn Knutr das Reich. Danach starb König Gormr. Nun übernahm Knutr das gesamte Reich, das König Gormr gehört hatte, und er war beliebt.

I 4.   Ein wertvolles Material

I 4. a)   Högni-Lied (Faröer)

Der in diesem Lied erwähnte „Silberkelch" hat wahrscheinlich keine tiefere mythologisch-magische Bedeutung.

Hinein kam Gudrun frühmorgens – bös ists das Gemüt aufzureizen! –
Der Tisch stund gedeckt mit dem Seidentuch und Bier vor den tapferen Helden.
Das war Gudrun Jukis Tochter, sie nahm einen Kelch in die Hand,
Dann ging sie in den Keller, wo der Met darunter floß.

Als sie hatte gemischet ihnen Met und Wein,
Da tut sie so große Vergessenheit hier hinein.
Und so große Vergessenheit tut sie hier hinein:
Trägts so hinein vor Högni und bittet ihn zu trinken.

Vorsichtig schaut da Högni aufs gute Fingergold:
Zu schwitzen begann sein Fingergold, es ward schnell rot wie Blut.
Das ist Högni Jukis Sohn, er erkannte da die Truglist.
Bittet nun Gudrun die Schwester sein, zu trinken aus der Schale zuerst.

Gudrun steht auf dem Hallengolf, sie wird schnell rot wie Blut,
Und stieß um den Silberkelch, der stund auf dem breiten Tisch.

Das Umstoßen des Giftkelches ist die „klassische" Methode, um der Aufforderung zu entgehen, zum Beweis dafür, daß kein Gift im Kelch ist, diesen selber zu trinken.

I 4. b)   Die Saga über Sörli den Starken

Das Silber in dieser Sage scheint auch einfach nur ein wertvolleres Material zu sein – zumindestens ist keine Silber-Symbolik zu erkennen.

Am Morgen, als die Männer auf dem Schiff des Königssohnes erwachten, sahen sie sieben Schiff in der langen Meeresenge liegen. Eins von ihnen war ein solch prunkvolles und prächtiges Drachenschiff, daß niemand von jemals ein solches Schiff gesehen zu haben glaubte – weder an Größe noch an Ausschmückung.

Es war ganz mit Stahl bedeckt und oberhalb der Hoch-Wasserlinie mit Gold besetzt. Seine Planken waren mit großem Geschick geschnitzt und mit dem glänzendsten Gold verziert und in den Schnitzereien mit Silber eingelegt worden.

I 5. Zusammenfassung

> Es gibt ein paar vage Hinweise darauf, daß die Farbe „silbern" als „Mond-Farbe" angesehen worden sein könnte, aber diese Vermutung ist nur ein schwacher Anfangsverdacht.

II die allgemeine Symbolik der Farbe „Silbern"

altnordische „silfr" für „silbern" stammt von einem westindogermanischen Lehnwort aus einer unbekannten Sprache ab.

Das indogermanische Wort für „Silber" lautete „herg" (lateinisch: argentum).

Grau und Silbern sind möglicherweise die Farbe der „grau-glänzenden" Metalle Silber, Eisen, Zinn u.ä. gewesen.

Eine allgemeine indogermanische Symbolik der Farbe „Silbern" ist nicht bekannt.

Verzeichnis der Themen

(die Zahl ist die Nummer des Bandes, in dem sich das Thema findet)

1 47	540 47	Alius 32	Aur 55
2 47	700 47	Alraune 45	Aurboda 35
3 47	800 47	Alsvatr 5	Aurgelmir 5
4 47	900 47	Alswid 34	Aurgrimnir 5
5 47	1.200 47	Althiof 7	Aurnir 34
6 47	10.000 47	Alvor 35	Aurvandil 20
7 47	432.000 47	Alwis 7	Aurwang 7
8 47	1+8=9=8+1 47	Alwit 31	Aurwang 48
9 47	**Adler** 40	Ama 35	Austri 32
10 47	Adler auf dem	Amboß 67	Auzon => Kiste
11 47	Weltenbaum 41	Amgerdr 28	Axt 66
12 47	Adler bei der	Ampfer 45	**Bafur** 32
13 47	Einweihung 40	Andad 34	Bakrauf 35
14 47	<u>Adlergestalt:</u>	Andhrimnir 39	Baldrian 45
15 47	- des Franmar 40	Andvari 7	Baldur 9
16 47	- des Hraesvelgr 40	Angantyr 39	Bara 35
17 47	- des Odin 40	Angeyja 35	Bari 6
18 47	- des Thiazi 40	Angrboda 26	Bari 20
20 47	Adler-Traum der	Ann 32	Baugi 5
22 47	Kostbera 40	Annar 20	Bär 43
23 47	Aelrun 31	Arm-Wunde 63	Bärenfell 62
24 47	Affe 44	Arngrim 6	Barke 49
28 47	Agdai 39	Apfel 45	Bärlapp 45
30 47	Ägir 10	Asen 36	Basilikum 45
32 47	Agnar 39	Asgard 52	Beifuß 45
33 47	Ahnen 36	Ask 39	Beinvidr 34
36 47	Ai 32	Aslaug 31	Bekkhild 31
37 47	Aki 6	Asperan 34	Beleidigungs-
40 47	Aki 16	Astralreise 50	Wettstreit 73
41 47	Alban 32	Asvid 6	Beli 5
46 47	Alberich 7	Atem 64	Beowulf 39
48 47	Albewin 7	Atla 35	Bergdis 28
72 47	Alcis 12	Atli 37	Bergelmir 6
80 47	Alf 6	Atward 20	Bergriese 6
90 47	Alf 32	Auchoff 34	Berg-Zwerge 32
99 47	Alfarin 34	Aud 20	Berling 32
100 47	Alfen 36	Auerhahn 40	Bertha 28
120 47	Alfhild 31	Auge 63	Berserker 62
300 47	Alfrigg 32	Augenbraue 63	Bertram 45

Bertramsgarbe 45	Bragi 19	Diurnir 7	Eiche 53
Besen => Stab	Bragi-Riesin 35	Dofri 34	Eicheln 45
besonderer Schrei 64	Brak 16	Dolgtrasir 32	Eichhörnchen 44
Bestattung 64	Brana 35	Donnerrebe 45	Eid 68
Bestla 35	Brandingi 5	Dori 32	Eik 28
Betonica 45	braun 46	Dorn => Schlafdorn 55	Eikinskjaldi 32
Beyla 39	Brenner 39		Eimer 67
Biber 44	Brezel-Ornament 64	Drachen 41	Eimgeitir 35
Biene 40	Brimir 33	Drachenblut => Drachen	Eimyria 35
Bifröst 49	Brisingamen 60		Einäugigkeit 63
Bifur 32	Brokk 32	Drachenschiff 55	Einheer 34
Bikki 16	Brombeere 45	Drasian 6	Einweihung 50
Bil 29	Brücke 49	Draupnir (Zwerg) 32	Eir 29
Bild 7	Bruderkampf 55	dreifarbiger Stein 67	Eir 31
Billing 5	Brüngerd 35	dreiköpfiger Riese 5	Eis 52
Billing 7	Brünhild 31	drei Riesinnen 35	Eisa 35
Bilsenkraut 45	Bruni 5	drei wahre Worte 64	Eisen 55
Birkhuhn 40	Bruni 32	Drifa 35	Eisenkraut 45
Biört 29	Brünne 66	dritter Bruder 55	Eisriesen 34
Björgolfr 6	Brunnen 49	Dröfn 35	Eistla 35
Björgulfr 34	Buri 34	Drossel 40	Eisurfala 35
Blain 33	Bryja 35	Drudgelmir 5	Eiymyria 35
Blapthvari 34	Bryla 34	Duf 32	Ekstase-Kieger 62
Blasebalg 67	Bryngerd 28	Dufa 35	Elch 42
blau 46	Buri (Zwerg) 32	Dufr 32	Eldhrimnir 57
Blau-Menschen 36	Buseyra 35	Dulin 32	Eldir 39
Blau-Riesen 36	Byggvir 39	Dumbr 6	Eldr 34
blau-schwarz 46	Byleist 20	Dunneir 32	Elefant 42
Blick 63	Bylgia 35	Durathor 32	Elendshaut => Hel-Haut
Blid 29	**Comandion** 7	Durin 32	
Blidur 29	**Dag** 48	Durnir 32	Else 35
Blind 16	Dagfinnr 32	Durnir 34	Erde 52
Blindheit 63	Dain 32	Düsterwald 49	Embla 28
Blodughadda 35	Dalar 32	Dwalin 32	Embla 39
Blutsbrüder 55	Dalr 32	**Eber** 42	Ente 40
Bödhild 28	Delling 20	Eberesche 45	Erce 20
Bogen 66	Delling 48	Edda (vollständig) 77	Erdbeben 55
Bömbur 32	Dellingr 32	Efeu 45	Erste Ursache 55
Bölthorn 5	Delphin 44	Egdir 5	Eschenholzkasten => Kiste 57
Borr 34	Dietwarta 29	Egil 39	
Botewart 7	Disen 36	Ei 40	Esel 42
Both 20	Distel 45	Eibe 45	Estroval 39

Eugel 7	Fiölvör 35	Frühlingstagund-	Geitla 35
Eule 40	Fiörgyn 20	nachtgleiche 54	Geitir 35
Eyrgjafa 35	Fiörgyn 23	Fulla 29	gelb 46
Faden 55	Fisch 44	Fullas Haarreif 60	Geliebter der Gefion
Fafnir (Zwerg) 32	Fjölverkr 34	Fullafle 34	6
Fährmann 49	Fjötra 29	Fundin 32	Gerber-Schaber 67
Fala 35	Flachs 45	Fuß 63	Gerdr 28
Falkenkleid:	Flegda 35	Fylgia 50	Geri 43
- der Freya 40	Fleur-de-lys 55	Fynir 6	Gespenst 50
- der Frigg 40	Fleggr 34	Fynir 34	Gestaltwandel =>
Falke 40	Fliege 40	**Galar** 32	Verwandlung
Fallar 32	Fluch 68	Galarr 34	Gesang 68
Farbauti 6	Flügel des Wieland	Galdr 64	Gestilja 35
Farn 45	40	Gallapfel 45	Getreide 45
Farseti 6	Flügelschuhe 67	Gandalf 32	Gewöhnlicher
Faulheit =>	Flugschuhe des Loki	Ganglati 34	Flachbärlapp 45
Feuersitzen 55	40	Ganglot 6	Geysa 35
Feima 35	Fluß 49	Gangr 34	Gialar 32
Fenchel 45	Freya 22	Gangr 33	Gift 70
Fenja 28	frühe Skaldenlieder	Gans 40	Gifur 43
Fenrir 6	78	Gänsefuß 45	Gigas 6
Fenrir 43	Freyr 15	Garm 43	Gilling 6
Fernhypnose 64	Fried 29	Gautan 39	Gillings Frau 28
Ferse 63	Friedenszauber 6	Gautrek-Saga =>	Ginnar 32
Fessel 66	Fridr 29	Snotra	Ginnungagap 49
Fessel-Zauber 64	Frigg 21	Geban 20	Gjalp 35
Feuer 55	Folde 20	Geburts-Orakel 64	Glamr 34
Feuersitzen 55	Fonn 34	Gefäße 57	Glatundshundr 43
Feuerzauber 64	Forat 35	Gefion 20	Glaumar 34
Fialar 32	Forelle 44	Gefion-Geliebter 6	Glaumarr 34
Fid 32	Fornjotr 6	Gefiun 20	Glaumr 6
Fieberkraut 45	Forseti 19	Gefjon 20	Glenr 48
Fili 32	Frägr 32	Geist 50	Glitni 5
Fimafeng 39	Franmar 37	Geier 40	Glöd 35
Fimbulwinter 55	Frar 32	Geirahöd 31	Gloi 32
Finger 63	Freki 43	Geiravör 31	Glück 64
Finnalf 5	Frosti 32	Geirdriful 31	Glückstrank 70
Finnar 32	Frosti 34	Geirönul 31	Glumra 35
Finnmark-Riese 34	Fruchtbarkeit 64	Geirröd 5	Glymra 35
Fiölkald 34	Fuchs 43	Geirrota 31	Gna 29
Fiölmor 39	Frauenhaarfarn 45	Geirsкögul 31	Gneip 35
Fiölnir 20	Frühling 54	Geitir 6	Gnepja 35

Goi 34
Gold 55
Goldalter 55
Goldemar 7
golden 46
Goldhelm 66
Goldhörner von
Gallehus 57
Göll 31
Golnir 5
Göndul 31
Gorr 34
Görsemi 29
Götter 36
Götterdämmerung 55
Götterkampf 55
Göttermet 69
Götter-Tiere 44
Gottesurteil 64
Gurgelbiß 55
Grab 49
Grani 6
grau 46
Grendel 5
Grendels Mutter 35
Greppur 34
Grer 32
Grid 28
Grid 35
Grim 5
Grim 39
Grima 35
Grimhild 31
Grimling 5
Grimnir 5
Grim Struppig-Wange 79
Grip 35
Gripir 34
Grissa 35
Groa 28
Grottintanna 35

Grotunagard 52
grün 46
Gryla 35
Gudr 31
Gudrun 31
Gudmund 5
Gullnir 5
Gullveig 29
Guma 35
Gundelrebe 45
Gunn 31
Gunnlöd 28
Gunnthinga 31
Gürtel 60
Gusir 6
Gygr 35
Gylfaginning 77
Gyllir 5
Gyllir 34
Gyma 20
Gymir 5
Haarband 60
Haare 63
Habicht 40
Hafle 34
Hafli 5
Hafthi 39
Hagen 16
Hahn 40
Hala 35
Halfdan 39
Halfdan Brana-Ziehsohn 79
Halfdan Einsteinson 79
Hamdir 39
Hamingja 50
Hammer 66
Hand 63
Handschuhe 60
Hanf 45
Hannar 32
Hantel-Symbol 55

Har 32
Hära 35
Hardbeen 6
Hardgreip 35
Hardgreipir 34
Hardverkr 34
Harek Eisenkopf 6
Harfe 57
Harz 45
Hase 44
Hasel 45
Hastingi 34
Hati 5
Hati 43
Hattatal 77
Haudr 20
Haugspori 32
Haym 34
Hecht 44
Hedin 39
Hedin und Högni 79
Hefring 35
Heid 35
Heiddraupnir 5
Heide 49
Heidrek 39
Heidungi 6
Heilige Hochzeit =>
Wiederzeugung 55
Heiliger Hain =
Weltenbaum 52
Heilung 64
Heilziest 45
Heimdall 8
Heimir 39
Heinir 34
Heith 35
Heithdraupnir 5
Hel 26
Helblindi 20
Helgi 39
Helgi Thorisson 79

Hel-Haut 49
Helidi 27
Hellebarde 66
Helreginn 5
Helm 66
Hengikefta 35
Hengiköpt 6
Hengjankapta 35
Hepti 32
Herbst 54
Herbsttagundnachtgleiche 54
Herche 20
Herdentiere 42
Herdentierfell 42
Herfjötur 31
Hergrim Halbtroll 5
Hergunnur 35
Heri 32
Herja 31
Herkir 6
Herkja 35
Hermodr 37
Hertha 28
Hervor => Heidrek
Hervor und Heidrek
=> Heidrek
Herz 63
Hexe 58
Hianka 31
Hidde 34
Hild 31
Hildolf 5
Hildolf 20
Himingläva 35
Himmel 52
Himmelsrichtungs-Mandala 54
Himmelsträger-Zwerge 32
Hirsch 42
Hjaltrimul 31

Hjortrimul 31
Hjötra 28
Hjuki 29
Hläwang 32
Hlebard 6
Hleidr 35
Hler 10
Hlidolf 32
Hlif 29
Hlifthursa 29
Hlin 29
Hlodyn 20
Hlödyn 20
Hloi 34
Hlöll 31
Hlora 35
Hnoss 29
Hochsitz 57
Hochsitzsäulen 57
Hoddraupnir 5
Hoddrofnir 5
Hödur 19
Hofund 19
Höggstari 32
Högni 16
Högni 39
höhere Mächte 36
Holmgang =>
 Zweikampf 55
Holunder 45
Homöopathie 64
Honig 40
Honigtau 45
Hönir 18
Horn 57
Horn (Riesin) 35
Hörn 29
Hörn 35
Horn-Neb 35
Hornbori 32
Hraesvelgr 6
Hrafnhild 35

Hraudnir 6
Hraudungr 5
Hrede 29
Hreidmar 7
Hremsa 35
Hrimgerdr 28
Hrimgerdr 35
Hrimgrimnir 34
Hrimnir 34
Hrim-Riesen 34
Hrimthurs 34
Hringi 5
Hringvölnir 5
Hripstodr 34
Hrist 31
Hrist 29
Hrisungr 6
Hroarr 5
Hrod 35
Hrodwitnir 5
Hrodwitnir 43
Hrökkvir 6
Hrönn 35
Hrossthjofr 34
Hrotti 5
Hruga 28
Hrungnir 5
Hrungnir-Herz 67
Hryggda 35
Hyria 35
Hrym 34
Hrund 31
Hügelgrab 49
Hugin 40
Huhn 40
Huldar 28
Hund 43
Hundalfr 6
Hunding 16
Hvalr 6
Hvedra 35
Hvedrungr 16

Hymir 6
Hymnen an die Götter 80
Hyndla 26
Hypnose 64
Hyrrokkin 26
Idi 34
Idun 25
Igel 44
Illugi Grid-Ziehsohn 79
Ilmr 29
Ima 35
Imd 35
Imgerdr 35
Imr 6
Imsigul 34
Imth 35
In 20
Ingibjörg 29
Ingibiörg 31
Intuition 64
Inzest 51
Irmin 20
Irpa 29
Istwas 20
Itrek 5
Itreksjod 5
Itreksjod 20
Ividja 35
Iwaldi 5
Iwalt 5
Iwiedie 29
Jari 32
Jamtaland-Zwerg 7
Jarngerdr 28
Jarnglumra 35
Jarnhauss 6
Jarnnef 34
Jarnsaxa 28
Jarnvidja 35
Jenseits 49

Jenseitsbarke 49
Jenseitsberge 49
Jenseitsbrücke 49
Jenseitsfährmann 49
Jenseitsfluß 49
Jenseitsgrenzen-
 Landkarte 49
Jenseitshalle 49
Jenseitsinsel 49
Jenseitsleiter 49
Jenseitsmauer 49
Jenseitsreise 49
Jenseitstor 49
Jenseitstor-Gitter 49
Jenseitstor-Hund 49
Jenseitswächter 49
Jenseitswald 49
Jenseitswasser =>
 Wasser 49
Jenseitsweg 49
Johanniskraut 45
Jokul 34
Jokul Eisenrücken 34
Jörd 23
Jomali 20
Jörmungandr 41
Jörmunrek 39
Jorunn 29
Jötunn 6
Jotunbjorn 6
Julnacht 54
Käfer 40
Kaldgrani 34
Kamille 45
Kampfmagie 64
Kannibalismus 55
Kara 31
Karabin 34
Kari 6
Katze 43
Kausalität 55
Keila 34

Keiler 42	**Lachanfall** 64	Luchs 43	Miötwitnir 32
Kenningar 75	Lachen 55	Lutr 34	Mjoll 34
Kerbel 45	Lachs 44	Lyngheid 35	Modgudr 29
Kessel 57	Landgeister 36	**Magni** 19	Modgudr 31
Keule 66	Lauch 45	Malseron 34	Modi 19
Kiebitz 40	Laufey 26	Mana 35	Modrädnir 32
Kili 32	Laurin 7	Managarm 43	Modsognir 7
Kisi 34	Laus 40	Mannus 20	Mögthrasir 6
Kiste 57	Leber 63	Mardalla 27	Moin 32
Kjallandi 6	Leib 63	Marder 43	Mökkurkjalfi 6
Kjallandi 35	Leidi 34	Margerdr 35	Molda 35
Klaufi 34	Leifi 6	Margerthur 35	Mona 20
Klee 45	Leifnir 6	Mangold 45	Mond 48
Kleima 35	Leikn 35	Mantel 67	Mondul 32
Knochen 67	Leimrute 66	Mantel der Nanna 67	Moosfrau von Saalfeld 32
Knoten 64	Leiter 49	Marnar 29	
Kobolde 36	Leirvör 35	Märzviole 45	Moosleute von Arntschgereute 32
Kol der Bucklige 39	Leopard 43	Maske => Helm	
Kolfrosta 28	Lerche 40	Maus 44	Mörn 35
Kolga 35	Lidskialf 20	Meer 49	Möwe 40
Kopf 63	Liebestrank 70	Meer der Zeit 55	Mühle 66
Kormoran 40	Liebeszauber 64	Meer-Menschen 36	Mundilfari 6
Korn 45	Lif 39	Mehlbeere 45	Munin 40
Körperteile 65	Lifthrasir 39	Mehltau 45	Munnharpa 35
Köttr 34	Litr 6	Meili 9	Münze 67
Kraftgütel => Gürtel	Litr 32	Meise 40	Muspel 6
Krähe 40	Ljod 29	Menglöd 22	Muspelheim => Feuer 52
Kraka 31	Ljota 35	Menja 28	
Kranich 40	Lodin 6	Menschenopfer 64	Myrkrida 35
Kräuter 45	Lodinfingra 35	Messer 66	Myrkvid 49
Kreppvör 35	Lodur 16	Midgard 52	**Nabbi** 32
Kriegerin 62	Lofar 7	Midgardschlange 41	Nacktheit 60
Kreuzblume 45	Lofn 29	Midi 6	Nadel 55
Kreuzkraut 45	Lofnheid 35	Midjungr 34	Nägel 55
Krönung 64	Logi 34	Midwitnir 6	Naglfar 49
Kröte 44	Loki 16	Mimir 6	Nain 32
Kuckuck 40	Loni 32	Mist 31	Nali 32
Kuril 6	Lopthoena 28	Mistel 45	Namensgebung 64
Kult 55	Lori 35	Mistkäfer 40	Nanna 21
Kundalini 64	Loricus 6	Mittelpfeiler => Yggdrasil	Nauma (Hel) 35
Kwasir 20	Löwe 43		Nar 32
Kyrmir 6	Löwenmäulchen 45	Mittsommer 54	Narfi 6

Nari Loki-Sohn 19	Nyi 32	Priester 60	Ringkampf 55
Nati 6	Nyr 32	Priesterin 58	Rist 31
Naudir 36	Nyrad 32	Prolog (Edda) 77	Robbe 44
Nebel 64	**Oddrun** 31	Prophezeiung 71	Rögnir 7
Nefia 35	Odin 13/14	Pukis 36	Rose 45
Nehalennia 29	Odr 20	**Rabe** 40	Röskva 37
Neri 30	Ofoti 5	Rad 67	rot 46
Neris Schwester 30	Öflugbarda 35	Radgrid 31	rota 31
Nerthus 28	Öflugbardi 6	Radvör 35	Rotkehlchen 40
Nepr 20	Ogautan 39	Ragnar Lodenhose 39	Rücken 63
Nessel 45	Ogladnir 6	Ragnarök 55	Rud 35
Netz 67	Ogn 35	Ran 27	Rudent 6
Neuentstehung aus den Knochen 55	Ohr 63	Randalin 31	Rudi 34
	Oin 7	Randgnid 31	Runa 35
neun Heimdall-Mütter 35	Olius 32	Randgrid 31	Runen 72
	Ölwaldi 5	Rangbeinn 5	Runenkästchen von Auzon => Kiste
neun Schwestern 35	Omen 71	Rasereitrank 70	
Niblung 7	Onarr 48	Raswid 32	Runenstein 64
Niblung 39	Öndudr 6	Rätsel 76	Runenstein von Ardre 64
Nicor 34	Onn 32	Raud 34	
Nid 64	Opfer 64	Raugnir 34	Rußland-Riese 6
Nidi 32	Orakel 71	Raum 6	Rütze 35
Nidr 28	Oregano 45	Reck 32	Rygi 35
Nidud 16	Ori 32	Regenbogenbrücke 49	**Saemdill** 6
Nieswurz 45	Örnir 6		Saga 28
Niflheim => Eis 52	Ortnit 34	Regin 7	Sährimnir 42
Niping 32	Ösgrui 5	Reginleif 31	Säkarsmuli 6
Nirdir 10	Öskrudr 34	Reiher 40	Salbei 45
Niola 48	Ostara 29	Rentier 42	Salfangr 6
Njola 48	Osten 54	Riesen auf der West-Insel 6	Sam 34
Njörd 10	Otr 32		Sämingr 39
Njörun 29	Otter 44	Riesen-Baumeister 6	Sanngrid 31
Nölvi 10	Otunfaxe 39	Riesen von Feldkirchen 34	Sati 51
Norden 54	**Penis** 55		Säule => Weltenbaum 52
Nordosten 54	Perchta 28	Riesen von Lichtenberg 35	
Nordri 32	persönliches Glück 64		Saxnot 20
Nordwesten 54	Pfeil 66	Rifingalfa 35	Sceaf 20
Nori 32	Pferd 42	Rifingöflu 35	Schachtelhalm 45
Nornen 30	Pferdezwillinge 12	Rigingöflu 35	Schädelschale 63
Norr 34	Pflug 67	Rind 42	Schadenszauber 64
Norr 48	Phol 9	Rindr 20	Schaf 42
Nott 48	Polygamie 55	Ring 57	Schafgarbe 45

Schaumkraut 45
Schierling 45
Schild 66
Schlafdorn 55
Schlangen 41
Schlangenauge 63
Schlangengrube 49
Schlangenzunge 63
Schleifstein => Wetzstein
Schmetterling 40
Schmied 4
Schmied 55
Schnecke 44
Schneeweiß-Goldschöne 28
Schuh 63
Schutzgeist => Fylgja/Hamingja
Schutzzauber 64
Schwalbe 40
Schwan 40
Schwanenkleider der Walküren 40
Schweden-Riese 6
Schwein 42
Schwert 66
Schwitzhütte 64
sechsköpfiger Riese 6
Seehund 44
Seekuh 44
Seelenvogel 40
Seelenvogel 50
Segen 68
Seher 60
Seherin 58
Seidelbast 45
Seidr 64
Sel 6
seltsamer dritter Bruder 55
Sense 67

Siar 32
Sichel => Sense
sieben Schwestern 28
Siegfried 38
Sieglind 31
Siegstein 67
Sif 24
Sigdrifa 31
Sigurd 38
Sigi 39
Sigrlami 39
Sigrun 31
Sigyn 28
silbern 46
Simul 31
Sinmara 28
Sindri 32
Sinthgunt 29
Sivör 35
Sjuld 31
Skadi 20
Skafid 32
Skalden 61
Skaldatal 77
Skaldenlieder 78
Skaldinnen 61
Skalli 34
Skalmöld 31
Skadskaparmal 77
Skärir 5
Skeggiöld 31
Skidbladnir 49
Skimsli 5
Skirnir 37
Skirkjar 35
Skirwir 32
Skjalf 29
Skjalv 34
Skjellinefja 29
Skjöldr 39
Skögul 31
Sköll 43

Skorpion 40
Skrati 34
Skrymir 5
Skrimnir 5
Skuld 30
Slagfid 39
Sleggja 35
Snae 34
Snotra 29
Solbiart 5
Sohn der Freya 19
Sohn des Freyr 19
Solblindi 5
Sölfn 29
Sommer 54
Somr 5
Sonne 48
Sonnengöttin 48
Sonnenhymne 64
sonstige Magie 64
Sörli 39
Spatz 40
Specht 40
Speer 66
Sperber 40
sprechende Tiere 41
Sprichworte 74
Spindel 55
Spinnerin 55
Spiritus familiaris 36
Sprettingr 5
Stab 67
Starkad 6
Starkad 39
Stärketrank 70
Statue 57
Stein 64
Steine und Edelsteine 64
Steinigung 55
Stern 48
Sternbild 48

Sternbild 55
Stigandi 5
Storch 40
Storkvid 34
Stoverkr 34
Strahlen-Breitsame 45
Strudel 49
Struthan 34
Stumi 5
stumm 63
Süden 54
Südosten 54
Sudri 32
Südwesten 54
Surtur 6
Suttung 6
Svada 5
Svadi 5
Svaf 7
Svarangr 5
Svasudr 6
Svatr 6
Sveid 31
Sveipinfalda 35
Svidi 6
Svip 5
Svipul 31
Svivör 31
Swaf 20
Swanhild 31
Swanwit 31
Swawa 31
Swior 32
Swipdag 20
Syn 29
Syr 29
Tafl 57
Tal 52
Tamfana 29
Tarn-Kappe 67
Tarn-Umhang 67

Tasche 60
Tätowierungen 55
Tattoo 60
Tau 52
Taufe 64
Teer 45
Telemark-Riese 5
Telepathie 64
Teller 57
Tempel 56
Teufelsabbiß 45
Thagnar 31
Theck 32
Thialfi 37
Thiazi 5
Thing 73
Thiodwitnir 34
Thistilbardi 34
Thjodrerir 7
Thögn 31
Thökk 35
Thor 17
Thora 28
Thorgerdr Hölgabrudr 29
Thorin 7
Thorir 6
Thorn 5
Thorstein Haus-Macht 79
Thrain 32
Thrasir 6
Thrigeitir 5
Thrivaldi 5
Thröng 29
Thror 7
Thror 20
Thror 32
Thorri 34
Thrud 31
Thrudgelmir 5
Thrudr 29

Thrungva 29
Thrym 6
Thulur 77
Thundr 6
Thundr 29
Thurbiörd 35
Tiere 44
Tiere der Götter 44
Tierfelle 60
Tierfelle bei Hinrichtungen 67
Tor 49
Torfa 35
Tote wiederbeleben 64
Tragestange 67
Trana 35
Traum 71
Traumdeutung 71
Traumfrau 31
Trima 31
Trolle 36
Trona 35
Tuch 57
Tuisto 20
Tuisto 33
Turm 56
Tyr 3
Tyr-Riesen 5
Udr 35
Uffe 39
Ulfhedinn 62
Ulfrun 35
Ullr 11
Umhang => Mantel 60
Uni 20
Unn 35
Unsichtbarkeit 64
Unsichtbarkeits-Stein 67
Urd 30

Uri 20
Utgard 52
Utgardloki 6
Ungeheur 41
Utiseta 50
Vagnhöftdi 34
Valbrandur 5
Vali Loki-Sohn 19
Valthögn 31
Vandil 5
Vandlir 5
Var 29
Vardrun 28
Vardrun 35
Vardruna 35
Vasad 6
Vatermord 55
Velle 5
Venus 48
Verbene 45
Verdandi 30
Vervielfältigung von Körperteilen 65
Vergessenheitstrank 70
Verirren auf der Hirschjagd 55
Verr 34
Verwandlung:
- einer Frau in einen Mann 65
- einer Frau in eine andere Frau 65
- eines Mannes in eine Frau 65
- in Adler 65
- in Bär 65
- in Drache 65
- in Eber 65
- in Falke 65
- in Fliege 65
- in Floh 65

- in Fuchs 65
- in Geier 65
- in Habicht 65
- in Hecht 65
- in Hirsch 65
- in Hund 65
- in Krähe 65
- in Lachs 65
- in Löwe 65
- in Mücke 65
- in Otter 65
- in Pferd 65
- in Rabe 65
- in Rind 65
- in Robbe 65
- in Schlange 65
- in Schwalbe 65
- in Schwan 65
- in Seekuh 65
- in Spinne 65
- in Tier 65
- in Vogel 65
- in Wal 65
- in Walroß 65
- in Widder 65
- in Wolf 65
- in Ziege 65
- in Ziegenbock 65
Vidblindi 5
Viddi 34
Vidgreipr 34
Vidgymir 5
vier Riesen-Ritter 34
vier Stier-Riesen 34
viertüriges Haus 52
Vifflöd 29
Vignir 34
Vikarr 6
Vilja 20
Vindr 34
Vingnir 6
Vingrip 34

Vipar 34	Wegwarte 45	Winter 54	Zwerge 32
Vogel 40	Weig 32	Winteranfang 54	Zwerge:
Vogelsprache 64	Weihung => Segen	Wirwir 32	- im Berg 32
Volkrast 7	Weinen 55	Witr 32	- im Gebirge 32
Vör 29	weiß 46	Witwen-Selbstmord 51	- Kuttenberg 32
Vörnir 34	Weisheiten 74		- Untersberg 32
Vulkan-Riese 34	Weisheitstrank 70	Wolf 43	- Blankenburg 32
Waage 64	Weißstern 39	Wolfsfell 62	- Bonikau 32
Waberlohe 49	Weltenbaum 53	Wortschatz Magie 64	- Dardesheim 32
Wächter 49	Weltesche 53	Wohlstandszauber 64	- Eilenburg 32
Wafthrudnir 6	Wespe 40	Wucherblume 45	- Elbogen 32
Wagen 67	Westen 54	Wurzel 45	- Glaß 32
Wagnhofde 6	Westri 32	Wyrd 30	- Hohenstein 32
Wal 44	Wetter 64	**Yggdrasil** 53	- Heilingsfelsen 32
Wälder =>	Wettlauf 55	Ymir 33	- Nünberg 32
Weltenbaum 52	Wetttrinken 55	Ymis 33	- Osenberg 32
Wald-Riesin 35	Wetzstein 67	Yngvi 32	- Plesse 32
Wali 19	Wichte 36	**Zahlen** 47	- Rosenberg 32
Wali 32	Widar 19	Zähne 63	- Selbitz 32
Walküren 31	Widfinnr 5	Zauberer 59	- Sion 32
Walnuß 45	Wiedergeburt 51	Zauberin 58	Zwerg:
Walroß 44	Wiederholungen 55	Zaubersprüche 68	- Gebirge 32
Waltam 20	Wiederzeugung 51	Zeh 63	- Kyffhäuser 32
Wandteppich => Tempel	Wieland 4	Ziegen 42	- Hohenstein 32
	Wiesel 43	Zisa 29	- Dresden 32
Wanen 36	Wig 32	Zunge 63	- Hoia 32
Warkald 6	Wigrid 55	Zweikampf 73	- Lützen 32
Warr 20	Wili 20	zweiköpfige Riesen 34	- Ralligen 32
Wasser 52	Wili (Zwerg) 32		- Rantzau 32
We 20	Wind (Magie) 64	zwei Zwerge 32	- Scherfenberg 32
Weberin 55	Wind 52	Zwerg auf dem Felsen 32	- Thorgau 32
Wegdrasil 20	Windalf 32		Zwillinge 55
Wegerich 45	Windloni 6	Zwergberg zu Aachen 32	
Wegetritt 45	Windswal 6		